SMALL GARDEN

草花で素敵に彩る

小さな庭のつくり方

グレイス オブ ガーデン代表
戸倉多未子 監修

永岡書店

小さな庭の恵みが
毎日の暮らしに彩りを与えてくれる

私の思う素敵な庭。
それは日々の暮らしの中で緑を身近に感じることができ、
季節の花も少し楽しめて、
庭に植えた植物たちを生活に生かせるおしゃれな庭です。

お料理に庭のハーブを使ったり、
庭の草花を花束や一輪挿しにして飾り、
クリスマスにはリースづくりをして
部屋でも草花に親しむことができる。

こんなふうに庭からの緑の恵みや季節の移ろいを感じるのに、
決して広いスペースや多くの植物が必要なわけではありません。
小さな庭とどんな暮らしをしたいか？
まずは考えてみませんか。

この本では、小さな庭づくりの実例や、
小さなスペースをおしゃれに見せる演出テクニック、
ローメンテナンスでも素敵にまとまるコツ、
草花使いのアイデアとおすすめの植物カタログ、
お手入れのハウツーなど、
はじめて庭づくりに挑戦する方々に
知っていただきたい基礎知識をぎゅっとまとめました。

玄関前や駐車スペースなど、家のまわりのどんな場所でも、
少しの工夫で植物がよく生長する、
心地よい庭空間に生まれ変わります。
狭さや日あたりの悪さなど悪条件があるからといって、
決してあきらめないでくださいね。
本書が、あなたらしい素敵な庭づくりの一助となりますように。

グレイス オブ ガーデン
戸倉多未子

すぐにマネしたい！

半坪からできる小さな庭づくり

どんな小さな空間でも、草花使いのアイデアで素敵な庭に！　夢をかなえた実例をケース別に紹介します。

外壁に似合うアイアントレリス
壁面を利用してバラを誘引《ゆういん》
高さを出して日あたり◎
奥行30cmのレンガ製花台で草花の演出もラクラク
岸邸

玄関前の駐車スペースの隅をガーデンに！　レンガ製花台を設置して、限られた場所でも草花が飾りやすく、手入れもしやすくなりました。

CASE 1

玄関前のスペースの実例

土の少ない玄関前も緑あふれる小さな庭に

人の出入りが多い玄関前は、草花を使った空間づくりにチャレンジしてほしいスペースです。

鉢植えや寄せ植えの活用で自分らしい家構えを実現

人の目に触れることの多い玄関前のスペースは、家全体の印象を決める場所です。庭としてつくりがいのある空間ですが、土のあるスペースがほとんどないことも……。そんなときは、鉢植えの大きさや素材の異なる構造物を上手に組み合わせてスモールガーデンをつくってみましょう。

限られたスペースでも、玄関前を草花で演出することで自分らしい家構えが実現できます。

フェンス＋シンボルツリーで
プライバシーをキープ。
まとまりのある空間に
小道は植物のグラデーションで
玄関にいざなう
ふまれても丈夫なグラウンドカバー
手入れしやすい植物を選んで
ローメンテナンスに
坂口邸

幅10cmのすき間があれば緑あふれる空間はつくれる！

方形石《ほうけいせき》の小道の脇や乱形石《らんけいせき》のすき間など、幅が10cmほどあれば小さな植栽スペースが生まれます。フェンスや樹木の足元で日あたりが期待できないところでも、日陰向きの植物や土を覆うグラウンドカバーを植えれば、爽やかな緑あふれる空間に。

CASE 2

門扉まわり＆アプローチの実例

“家の顔”を草花でセンスよくきれいに飾る

外と敷地をつなぐエントランスや門扉まわりは、
その家の個性を表す場所。
美しく彩りましょう！

家の印象を決める空間をお気に入りの草花で美しく演出

敷地の外に面した門扉まわり、外とプライベートスペースをつなげるアプローチは、家の印象を決める大切な場所なので、草花を充実させたいところ。

小さなスペースの場合は、アーチなどの構造物を使って植栽を上の空間にあしらったり、少し広めの空間ならば樹木を多めにして雑木林のようにするのも方法です。条件が限られがちな小スペースこそ、アイデア次第で素敵に生まれ変わります。38、44ページでもさまざまな実例を紹介しています。

アーチまわりにはバラやスイフヨウなど、お気に入りの植栽を集めて、春から夏にかけて花が絶えないアーチのエントランスに。

玉木邸
ナニワイバラのアーチが
ムードを盛り上げる
憧れのバラをところどころに配して

思い思いに育てた木々が
癒しの空間に
地植えのハーブと寄せ植え
でイキイキとした立体感を演出
ハンドメイド感のある門柱
森邸

**植栽はグルーピングして
すっきり見せる！**

ハンドメイド感のある門柱と赤いポスト、家屋へと続く乱形石《らんけいせき》のアプローチが、緑の空間を引き締めます。ハーブ類、樹木など種類ごとにグルーピングしながら植えるのは、たくさんの草花を植えていても、散らかって見えないアイデアです。

雑木林の中を抜けるような爽やかなアプローチ
色数をしぼった植栽で
シックにまとめて
前田邸

日陰のエントランスは落ち着いたムードたっぷりの庭に

家屋から道路までは細い通路になる旗竿《はたざお》地《ち》。日照が確保しにくい日陰の土地を逆手にとったしっとり落ち着いたエントランスです。門扉から家屋までのアプローチに、ホンコンエンシス、ヒメシャラなど８本の樹木を配置して、雑木の道を実現しました。

高さのある鉢は
日陰や壁ぎわでも
草花が育ちやすい

剪定《せんてい》が自分でできる
樹木でお手入れを楽に
ウッドデッキの活用で室内
から外への導線をスムーズに
カラーリーフ中心で
花がら摘みのお手入れを楽に
白いフェンスは
庭の明るさアップに！
方形石《ほうけいせき》を敷きつめて
地面を少なく！

カラーリーフや生育スピードがおそめの樹木を中心に植栽をして、最小限のお手入れでしっかり保てる庭になっています。

CASE 3

ローメンテナンスの庭の実例

植栽スペースを限定した手間をかけない庭づくり

素敵な庭にしたいけれども、手間はかけたくない。
そんな夢のような庭づくりの
コツを紹介します。

花より葉もの中心の植栽で手間が省ける環境づくりを

草花の日々の手入れには、水やり、咲き終わった花の花がら摘み、雑草とり、大きくなった多年草や樹木の枝の整理（切り戻し、剪定《せんてい》）など、労力がかかります。ローメンテナンスの庭を目指すなら、あらかじめそれらの手間が省けるような環境づくりをすることが大切です。

具体的には、植栽スペースを限定させる、メンテナンスしやすい草花や樹木を選ぶ、花よりも葉もの中心の植栽にするなどの方法があります。最近は個性的なカラーリーフもそろうので、上手にとり入れましょう。

フォーカル
ポイントが大事！
関根邸

目線を1か所に集める フォーカルポイントをつくって

漠然と草花を配置するのではなく、空間に1か所、ひと際目を引く注視点「フォーカルポイント」をつくるのも大切です。それ以外のスペースは多少手を抜いても、メリハリのある空間が実現できるでしょう。

F邸

土の面積を減らして お手入れ時間をカット

面積が広めのメインの庭も、大部分を石板やタイルなどで覆ってしまえば、雑草が生えず、お手入れいらずになります。ポイントは数か所だけ土を残した植栽スペースを設けること。無理のない範囲で草花を楽しむことができます。

広いスペースでも世話をするのは
この3つだけ！
関根邸

ローメンテナンスは
地面を減らす工夫、
植物選びが肝心です

小さな庭でも 美しいバラを楽しみたい！

お手入れに手間がかかるイメージのバラですが、品種を選べば実はとても丈夫で、わずかなスペースでも大きく育つ、小さな庭向きの花です。日あたりとスペースに合わせた品種をセレクトして、1株からはじめてみましょう。

F邸
バラは無理のない1株からチャレンジ！

CASE 4

ミニチュアガーデンの実例

縦空間を活用して狭い庭を快適に演出

庭づくりビギナーは、
欲張らず空間のほんの一部分を
飾るところからスタートしましょう。

狭小な庭こそワンコーナーの演出を充実させることからスタート

例えば、コーナーにガーデンチェアを置いて、鉢植えを載せる。たったそれだけですが、ミニチュアガーデンが生まれます。ワンコーナーの演出を足がかりに、少しずつアイデアをかたちにしていきましょう。

多肉植物＋小物使いは
手間いらず演出の基本
山田邸

個性的な姿形をした多肉植物は、小さなコーナーを飾るのにぴったりの植物です。水やりの回数が比較的少なくすむので、ビギナーにもおすすめ！

優美なつるバラ・ジュリアを壁面にはわせ、ハンギングをプラス。少ないアイテムでワンコーナーを充実させています。足元の面積が狭い庭は特に、空間を縦に意識すると豊かなスペースが生まれます。

栗原邸
大小の鉢をコーディネート
ナチュラルカラーのフェンスを
キャンバス代わりに
ハンギングはひとつだけでもサマになる

CASE 5

狭小な花壇を活用した実例

奥行き30cmの花壇で壁面にバラを誘引《ゆういん》

奥行きわずか30cmでも、
さまざまな草花が育ちます。
あきらめず植えてみて！

悪条件の場所、小さな場所でも まずは草花を植えてみる

上の写真のつる性のバラは北向きの壁面を使って、５年間育てたもの。こんな大きな株も根元はわずか奥行30cmの花壇です。枯れることを恐れずにまずは植えてみて。一見すると条件はよくない場所でも、草花はしっかり育ちます。

バラの根元を見ると

杏色の花びらがやさしい印象のつるバラのアルケミストを、玄関脇の壁面に誘引しました。奥行30cm弱のスペースに植えた１株も、こんなに大きく育ちます。

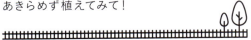

誰もが憧れるバラの絡んだパーゴラ
ガーデングッズは
飾りながら収納
つんだバラは切り花に
庭時間を豊かにする
ガーデンテーブル＆チェア
内田邸

バラが絡むパーゴラを中心にリフォームしてかなえた夢の庭。すべてを植え替えるのではなく、既存の樹木にローメンテナンスの樹木をミックスして、眺めのよい庭を目指しました。

CASE 6

メインの庭の実例

家族の夢をかなえる個性豊かな庭づくり

メインの庭では、
家族が求める庭空間の
イメージをかたちにしましょう！

庭に求める目的やイメージを具体化してデザインを考える

あなたはどんなふうに庭で過ごしたいですか？ 例えば最近では、眺めるだけでなく、料理に使えるハーブ類や野菜類を育てたいという要望も増えています。

メインの庭となるスペースをつくり上げる際は特に、まず家族みんなが庭空間をどう使いたいかを考え、そのうえでどんな構造物や草花、樹木でデザインするかをイメージしてみましょう。22ページからの「小さな庭づくりの基本ステップ」で、手順を詳しく解説していますので、参考にしてください。

大好きな南国リゾートを再現した
植栽コーディネート
橋本邸

植栽で生まれ変わるリゾート風のガーデン

バリのリゾートにいるような気分でビールやお茶を楽しみたい、という願いをかなえた庭です。エキゾチックなテイストの植栽でまとめた花壇の前に、屋根つきのテラスを設置した個性が際立つガーデンです。

矢野邸
小道沿いに大好きな
草花をたっぷりと！

バラいっぱいのナチュラルガーデン

草花いっぱいの庭をつくるなら、日々のお手入れのしやすさを考えるのもポイント。レンガの小道を中心に置いて、両脇にバランスよく植栽をほどこして、すべての草花に手が届くようにしています。手前に低いもの、奥に高い植物を植えたのは、見栄えだけでなく生長を妨げないためのテクニックです。

すぐに
マネしたい！

「小さな庭の植物カタログ」の見方

植えつけ時期や花期は、主に関東周辺の平野部を基準とした目安です。植えつけ時期、花期、草丈（樹高）は、地域や栽培条件でも変わります。

- **植物名**
流通などで一般的に使われている植物の名称。
- **科名**
植物の分類学上の段階のひとつ。
- **園芸的分類**
樹木や草花の分類やその性質を表しています。
- **植えつけ時期**
植えつけする時期の目安。
- **花（葉）の色**
主な花や葉の色。
- **草丈／樹高**
その植物の平均的な大きさ。
- **花期／鑑賞期**
花の開花やその植物が美しくなる時期の目安。

知っておきたいガーデン用語

園芸や庭づくりをする際に知っておくと便利な用語を紹介します。

□ フォーカルポイント
庭の中で人の目を引く場所。構造物のほか、シンボルツリーも指す。

□ 方形石(ほうけいせき)
四角形などに切った石材。敷石などに使う。

□ ポット
ビニール製やプラスチック製の鉢。市販の苗が入れられている。

□ ほふく性(ほふくせい)
植物の枝や茎が地面をはうように伸びる性質のこと。

ま

□ マルチング
株元の土に樹木のチップやわらなどを敷くこと。寒さや乾燥、雑草などを防ぐ。

□ 水切れ(みずぎれ)
植物に水が不足している状態のこと。葉が枯れたりする。

□ 元肥(もとひ、もとごえ)
苗や株を植えつける際に入れる肥料のこと。

や

□ 誘引(ゆういん)
植物の茎やつるを支柱や構造物に誘導すること。つる同士が絡むことや、植物が倒れるのを防ぐ。

ら・わ

□ 落葉樹(らくようじゅ)
葉の寿命が1年未満で、葉をつけない時期がある樹木。秋に葉を落とした状態で冬を越え、翌年の春に新芽を出す。

□ 乱形石(らんけいせき)
不定形に切った石。敷石などに使う。

□ ランナー
地面をはって伸びる茎のこと。ほふく茎ともいう。切っても独立した株として成長する。

□ レイズドベッド
レンガや石などを積み上げて、かさ上げした花壇。水はけ、通風が改善される。

□ 追肥(ついひ・おいごえ)
植物の生育期間中に、生育に応じて施す肥料のこと。

□ つる性植物(つるせいしょくぶつ)
自立できず、ほかの植物や構造物を支えに巻きついて成長する性質をもつ植物のこと。

□ 低木(ていぼく)
生長しても高さが3m以下の樹木を指す。1m程度のものが多い。

□ 土壌改良(どじょうかいりょう)
植物を植える場所の土を、生育に適するように人為的に改良する作業のこと。

な

□ 根腐れ(ねぐされ)
根が腐ること。水や肥料のやりすぎ、根の周囲の通気性の悪さ、病気など原因はさまざま。

は

□ 培養土(ばいようど)
腐葉土や赤玉土など、植物の生育に必要なものがブレンドされた土。

□ 鉢(はち)
植物を栽培する容器。プランター、ポット、コンテナとも呼ぶ。

□ 花がら
花が咲き終わった後に、散らずに残っている枯れた花のこと。残しておくと種ができ株が弱るので、摘みとる必要がある。

□ 半日陰(はんひかげ)
木漏れ日くらいの日差しがある場所、日中半分くらいの間日があたる場所のこと。

□ pH(ピーエッチ、ペーハー)
酸性、アルカリ性の度合いを表す単位。pH7を中性とし、低いと酸性、高いとアルカリ性。多くの植物はpH5.0〜6.0の弱酸性の土を好む。

□ 非耐寒性(ひたいかんせい)
寒さに弱い、または寒さに耐性が少ないこと。

□ 斑入り(ふいり)
葉、花、茎などに地の色とは異なる色が入っている状態。その品種。

さ

□ 挿し木(さしき)
植物の枝や茎などを切って土に挿し、根を生やして増やすこと。

□ 四季咲き(しきざき)
決まった開花期がなく1年に何回も花が咲く性質。バラやクレマチスなど。

□ 宿根草(しゅっこんそう)
多年草の一種で、夏や冬に地上に出ている部分を枯らして休眠するもの。

□ 常緑樹(じょうりょくじゅ)
1年中、葉をつけ続ける樹木。

□ 植栽(しょくさい)
玄関の周辺や庭など、敷地内に植えられた樹木や草花のこと。もしくは植えることを指す。

□ シンボルツリー
庭の中心となる印象的な樹木のこと。樹形や葉の色、花が美しいもの、高さのあるものが選ばれることが多い。

□ 剪定(せんてい)
樹木の古くなった枝や不要の葉を切り落として、樹形を整えること。

□ 雑木(ぞうき)
建築資材としては使われない樹木の総称。または種々雑多な木。

□ 草姿(そうし)
植物の全体的なフォルムのこと。

た

□ 耐寒性(たいかんせい)
植物が低温や寒さに耐えられる性質のこと。耐寒性植物の目安は、0℃以下に耐えられること。反対に暑さに耐えられる性質を「耐暑性《たいしょせい》」という。

□ たい肥(たいひ)
わらや落ち葉、牛ふんなどを発酵・腐熟させたもの。土壌改良用土として使われることが多い。

□ 立ち性(たちせい)
枝や茎が立つように上に伸びる性質。

□ 多年草(たねんそう)
草花(草本植物)のうち2年以上にわたって生存する性質をもつもの。

□ 中木(ちゅうぼく)
自然に生長して、高さが2〜4m程度の樹木のこと。

あ

□ 一年草(いちねんそう)
種をまいてから1年以内に開花し、種をつけ枯れていく植物。春まき一年草と秋まき一年草がある。

□ 植え替え(うえかえ)
これまで植えてあった植物を掘り上げて、ほかの場所に移し植えること。また、枯れた植物をとり除き、そこに新たな植物を植えること。

□ 植えつけ(うえつけ)
鉢、プランター、畑、庭などに苗や樹木を植えること。

□ 液肥(えきひ)
液体肥料の略。効き目は早く現れるが、長持ちはしない。追肥《ついひ》に使う。

□ エクステリア
家の外観。垣根や玄関まわりなど、屋外の空間や設備を指す。

か

□ 化成肥料(かせいひりょう)
無機物を化学的に合成してつくられた肥料。元肥や追肥として使われる。

□ 株分け(かぶわけ)
大きく育った根や株を切り離して、分けること。

□ カラーリーフ、リーフプランツ
植物の中で、特に美しい葉色をもつ植物の総称。銅葉、銀葉、黄金葉、斑《ふ》入《い》り葉などが代表的。

□ 球根植物(きゅうこんしょくぶつ)
多年草のうち、地下や地際で生育に必要な養分を蓄える球根をもつ植物。

□ 切り戻し(きりもどし)
伸びすぎた枝や茎を切りつめること。生育を促し、草姿を整える。

□ グラウンドカバー
地表面を低く覆う植物の総称。枝や茎を横に伸ばして、地面や壁面を覆うように育つ。「地被植物」ともいう。

□ 高木(こうぼく)
幹が太くてかたく、4〜5m超に大きく育つ樹木。庭では大きくても3m程度に剪定することが多い。

□ 固形肥料(こけいひりょう)
固形や顆粒、粉状の肥料。液肥に比べると、ゆるやかに長く効く。

LESSON 1

初心者でもできる
理想の小さな庭づくり

家の敷地で庭にできる場所や、プランづくりの基本など、
庭づくりのいろはをていねいに解説。
狭さ、日あたりの悪さなど小さな庭によくありがちな欠点を
克服するためのヒントも紹介します。

小スペースの活かし方

こんな場所も素敵な庭になる

小さなスペースこそはじめての庭づくりに最適

家のまわりを隅々まで見渡すと、実は庭にできるスペースがあちこちに隠れています。建物の裏側にある狭い通路やコンクリートむき出しのスペースなど、こうした小さなスペースこそ庭づくりビギナーには手ごろなスポット。狭いからこそ管理もしやすく、ちょっとしたアイデアで素敵な庭に生まれ変わります。

例えば土のない小スペースでも、レンガを置き、土を入れれば花壇にすることができます。また、お手入れ初心者なら、植えっぱなしでも毎年花を咲かせる多年草や、葉色が華やかなカラーリーフなど、手間のかからない植物を植えるという方法もあります。土がない、日あたりが悪い、手入れが苦手など、条件が悪くてもあきらめないで、自由な発想で庭づくりを楽しみましょう。

PLACE 8

半日陰・日陰のスペース

日照不足で1日中日のあたらない場所や、風通しが悪く、ジメジメとした場所でも植物を植えることはできます。日陰に強い植物を選んだり、植える位置を高くして通気性をよくするなど、工夫次第で緑あふれる空間に！

PLACE 4

玄関アプローチ

玄関前から道路までのスペースは、訪れる人を出迎える最初の場所。土がある場合は季節ごとの花を植えると目を引きます。植栽の間に鉢を置くと高低差が生まれ、バランスのよい空間に。

PLACE 2

門扉まわり

インターホンやポストのある門扉、門柱周辺の足元にも小さな植物を植えることは可能です。地植えする土のスペースがなくても、レンガなどで囲って土を入れればミニ花壇に。鉢を使い、花が満開になったときに見せたい場所に移動してもOKです！

PLACE 1

玄関前スペース

玄関ドアの前は、狭いスペースだからといって何も置かずにいると殺風景になり、かえって狭さを強調してしまうことも。ひとつでも鉢植えを置いたり、目を引くポイントをつくることで印象は変わります。

PLACE 3

フロントガーデン

家と道路の境を塀で仕切る代わりに、草花で彩るとそこも立派なガーデンスペースに。半パブリックな空間なので、道行く人にも楽しんでもらえる植栽を心掛けるといいでしょう。

PLACE 9

デッドスペース

家の裏側や塀のすき間など、ほんの小さなスペースこそ初心者がはじめるには手ごろなスポット。ミニ花壇をつくったり、高さの制限がある場所なら、草丈の伸びない植物をとり入れるなど、アイデア次第でいろいろ楽しめます。犬走り（建物まわりの細い通路）も小道をつくって両脇に植栽すれば立派な庭に。

PLACE 6

駐車スペース

敷地の中でもまとまった広さを持つだけに、有効活用したいスペースです。駐車場の目《め》地《じ》に、繁殖力があり丈の伸びない植物を植えるなどの工夫で、わずかなすき間に緑を植えることもできます。

garden
garden
HERB

どんなに狭くても
あきらめないで！
土のない場所でも
庭にできます

PLACE 7

テラスやベランダなど 土のないスペース

テラスやベランダ、階段、通路などコンクリートに覆われて土のないスペースは、鉢植えを活用するのもおすすめ。鉢植えを並べる場合、大きさの異なる鉢で高低差を出すと平坦にならず、メリハリのある空間に。鉢のテイストをそろえるとまとまりのある印象が生まれます。

PLACE 10

壁・フェンス・アーチ

庭をとり囲む壁やフェンスにつる性の植物をはわせると、立体感と華やかさアップ。道路からの視線を一点に集めるアイキャッチとなり、建物内の目隠しにも効果的です。高さを出すことで空間にメリハリを生むアーチも庭の一部です。

PLACE 5

メインの庭

敷地の中でもっとも広さのあるメインの庭は、つくり手の個性が発揮できる場所。家族構成や使用目的によって完成する庭のイメージは変わってくるので、じっくりと考えましょう。

空間演出のテクニック

あなたの庭を快適にする要素

庭を快適にするにはハード面とソフト面のバランスを大切に

庭は大きく分けてハード面とソフト面、2つの要素で構成されます。

庭づくりというと草花や樹木を思い浮かべる人も多いかもしれませんが、小道や構造物などの土台（ハード）があり、仕上げのお化粧として植物（ソフト）があるとイメージしてください。

小さなスペースを生かすためには、どちらも欠かせない要素なので、左のイラストを参考にして庭づくりを計画しましょう。

例えば、庭にエアコンの室外機や物置など、見せたくないものがある場合は、死角となる場所に移動したり、棚を設置して隠してしまうなど、工夫次第で見た目も機能性もアップさせることができます。これらはどんなスペースの空間演出にも応用できるガーデニテクニックです。

要素1 小道

どんなに狭い庭でも通路（小道）をつくることは大切です。ゆるやかにカーブさせることで、庭に奥行きが生まれる効果も。いろいろな角度から植物を眺められるので、手入れをするのにも便利です。

要素2 デッキ

庭は第2のリビングルーム。家屋と庭の間に段差があると行き来がしにくく、その結果庭の利用頻度が低くなることに。デッキやテラス（屋根つきスペース）、サンルーム（ガラス張りの部屋）をつくることで家と庭とのつながりが生まれます。

要素3 アーチ

高さを出せるアーチやパーゴラ（格子状の構造物）は玄関前のアプローチや庭の入口に設置すると、門のような役割に。圧迫感を感じさせず、自然と空間に区切りが生まれます。

要素4 花壇

地植えする植物は、地面に植えるだけでなく、レンガなどを積んで花壇をつくり、スペースに区切りをつけて植えて。まとまりが出ると庭に視線を集める場所（フォーカルポイント）も生まれます。

＊■がハード面の要素、
■がソフト面の要素です

要素7　フェンス

トレリス、ラティスなど種類も豊富にあるフェンス。視線を遮《さえぎ》るだけでなくつる性の植物を誘引《ゆういん》するなど庭に縦の空間を生む効果もあります。

要素8　生け垣

敷地と道路の境界線となる生け垣。「植物でつくるフェンス」とも呼ばれ、目隠しのために設置することが多い要素です。

要素9　立水栓《りっすいせん》

立ち上がったタイプの水栓。庭の手入れや植物の水やりなどに便利で、水栓柱を覆うおしゃれなカバーもあり、庭の雰囲気に合わせて選べます。

要素10　樹木

シンボルとなる木があると庭に立体感が生まれます。1m程度の低木から3m超の中・高木、葉の落ちる落葉樹、1年を通して葉が茂る常緑樹など環境に応じて選びましょう。

要素6　雑貨

テーブルやイス、アイアン製の小物類などの雑貨が1点あるだけで、植物が魅力的に映ります。小さなコーナーをつくり、季節ごとにディスプレイしても素敵です。

要素5　寄せ植え、プランター

棚の上や壁を飾りたいときや土のないスペース、殺風景な場所を手軽に彩りたいときには、鉢やプランターが役立ちます。同じ環境を好む植物を寄せ植えすれば、存在感もアップ！

はじめてでも失敗しない！

小さな庭づくりの基本ステップ

ここからは具体的な庭づくりの基本手順を紹介します。理想の庭を実現するためにも今の庭をしっかりと観察して、現状を把握することが大切なポイントになります。

STEP 1

庭カルテをつくろう

質問に答えて、あなただけの庭カルテを完成させよう

わが家の庭KARTE

Q1 庭でしたいことは？

家族の意見も聞きながら、庭でしたいこと、必要な要素を具体的に考えていきましょう。
詳しくはSTEP2を参照。

（例）

- □ 畑で野菜づくりにチャレンジしたい
- □ ティータイムを楽しみたい
- □ 日曜大工の道具置き場がほしい
- □ 芝生でくつろぎたい

Q2 どんなテイストが好き？

和？ ナチュラル？ など好みのテイストをもとに、全体の方向性をイメージしてみましょう。
詳しくはSTEP3を参照。

（例）

- □ 草花や木がいっぱいのナチュラル
- □ 落ち着いた和モダン
- □ イギリスの田舎風景
- □ 南国のようなリゾート
- □ 雑貨がいっぱいの庭
- □ 樹木がうっそうとした雑木林

Q3 庭にとり入れたい要素は？

気になるキーワードにチェックを入れましょう。
詳しくはSTEP3を参照。

（例）

- □ 花壇
- □ ウッドデッキ
- □ 芝生
- □ アプローチ（小道）
- □ バラのパーゴラ（つる性の植物をからませる構造物）
- □ パティオ

Q4 どんな草花を植えたい？

あこがれの植物、好きな形、目的に合わせたものをひとつ決めてそこからイメージを広げてみましょう。
詳しくはSTEP4、5を参照。

（例）

- □ 紅葉を楽しめる樹木をシンボルツリーに
- □ レモンなどの実がなる樹木で収穫してみたい
- □ ローメンテナンスですむ木にしたい
- □ 憧れのバラ
- □ とにかく花をいっぱい咲かせたい

Q5 今の庭の気になるところは？

改善したい点、困っている点などを書き出してみましょう。
詳しくはQ&A（28ページ）を参照。

（例）

- □ 狭すぎる
- □ 日あたりが悪い
- □ 土のあるスペースがない
- □ 道路の歩行者の視線が気になる
- □ エアコンの室外機や給湯器が気になる

まずは今の庭の現状チェックからスタート

具体的な庭のプランニングをする前に、まず今の庭の状況や環境、家のまわりのスペースをよく観察することが大切です。上の質問項目に回答しながら、自分の庭のカルテをつくってみましょう。

おおまかなカルテを完成させたら、さらに細かく記録します。例えば庭の日あたりがよいなら、1日の日照時間はどのくらいか、今まで植えたことのある植物など、気づいたことをメモしてみましょう。

また、庭の入口、居間、2階のベランダなど、いろいろな角度から庭を眺めて、写真を撮るのも有効です。写真で客観的に見直すことで、今まで気づかなかった庭の長所や短所を発見することができます。

本や雑誌を見て
イメージをふくらませる
のもおすすめですよ

STEP 2

庭で何をしたいかを考える

01

家の中から
庭を眺めたい

02

友人を招いて
お茶会をしたい

03

ペットや子どもが遊べる
スペースをつくりたい

04

畑をつくって
野菜を育てたい

05

バーベキューを
楽しみたい

06

道路からの視線を
遮《さえぎ》りたい

家族構成の変化も考慮して庭の使用目的を考えよう

庭づくりのステップの中でもっとも大切なのが、庭で何をしたいかを考えること。家族の意見もとり入れながら、庭でどう過ごしたいのかを検討しましょう。

また、庭の使用目的も年月が経つと変わっていきます。

例えば共働きでお手入れの楽な石のテラスにしたけれど、時間が経って家庭菜園をはじめたくなったとなると、工事が必要になります。子どもが芝生で遊べるように芝張りにしたけれど、子育てが忙しくて手入れができずに雑草だらけになってしまった……など、実際によく寄せられる声です。今の暮らしと家族構成をふまえたうえで、その先のことまで想像を巡らせてみましょう。

小スペースでも大丈夫！
使うシーンを想像して
みましょう

STEP 3

庭のテイストをイメージする

植物をうまく植えることでさまざまなテイストが実現できる

次に庭のテイストを考えます。上に紹介したもの以外にも、バラが咲き誇るローズガーデン、アンティーク雑貨のあるブロカント風の庭、雑木林風など何通りものテイストが考えられます。レンガが好き、カラフルな色使いにしたいなど、キーワードから導き出してもよいでしょう。庭の本を参考にしたり、庭巡りをしてイメージを膨らませるのもおすすめです。

自宅とまわりの風景（庭から見える道路や隣家）との調和を考えることも大切ですが、狭いスペースなら、その環境とはまったく別のテイストにして、別世界をつくり上げるのも方法です。

植物を植えることで、家とまわりの環境は不思議と調和していきます。和風建築だから和の庭にするといったしばりを設けず、アイデアをどんどん膨らませてみましょう。

なつかしい田舎の風景

イングリッシュ

イギリスの田舎風景を思わせる庭には、バラやハーブ類の植栽がおすすめです。小道にレンガを敷いたり、オーナメントを置いたりしてもよいでしょう。

いちばん人気の

ナチュラル

ナチュラルな庭づくりに欠かせないのが、木材やレンガなど自然素材を使ったアイテムと草花です。空間に立体感が生まれるレイズドベッド（高さのある花壇）を使うのもおすすめ。

南国感ただよう

リゾート風

大ぶりの葉の熱帯植物を植えたり、コンテナを海外の壺に変化させると、南国リゾート風に変身します。庭の外壁を白くして明るく見せるのも効果的です。

しっとり落ち着きのある

和モダン

灯篭《とうろう》や飛び石などを配した和風の庭は落ち着いた雰囲気がありますが、暗い印象にもなりがち。和の構造物を残しながらも、思い切って洋風の植栽をとり入れるのもおすすめです。

STEP 4

樹木を選ぶ

果樹

食用になる果実をつける木です。落葉樹と常緑樹があり、樹高や枝の広がり方もさまざま。レモン、ブルーベリー、ユズ、フェイジョアなどが人気。

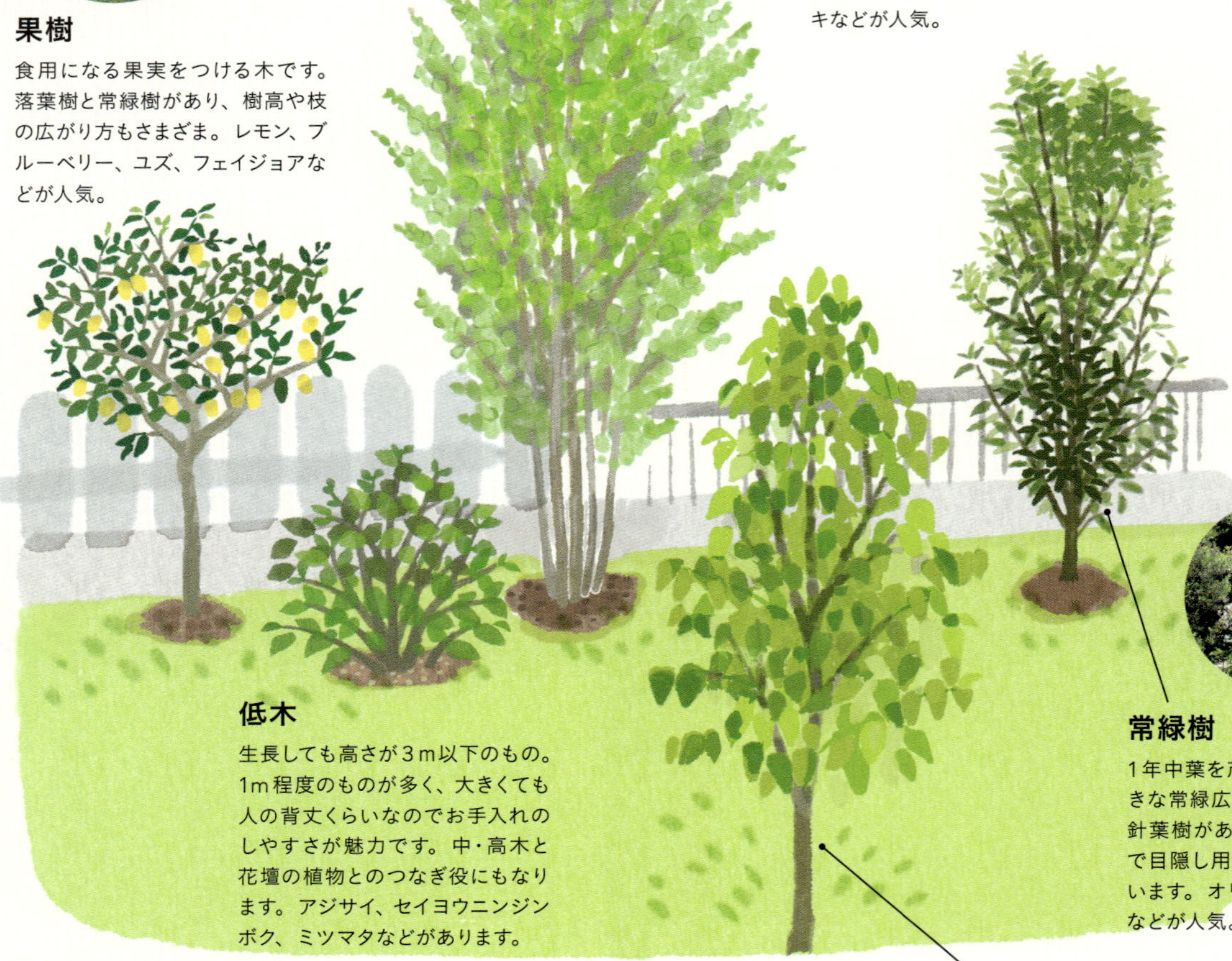

中・高木

高さが2ｍを超えるもの。中木と高木があり、高木は5ｍ超になるものも。幹が太くてかたく、高さがあるので日よけにもなります。ただし、高木でも庭では3ｍ程度で剪定することが多い。エゴノキ、ハイノキなどが人気。

低木

生長しても高さが3ｍ以下のもの。1ｍ程度のものが多く、大きくても人の背丈くらいなのでお手入れのしやすさが魅力です。中・高木と花壇の植物とのつなぎ役にもなります。アジサイ、セイヨウニンジンボク、ミツマタなどがあります。

常緑樹

1年中葉を茂らせる樹木。葉の大きな常緑広葉樹と、葉の細い常緑針葉樹があります。落葉しないので目隠し用の樹木として好まれています。オリーブ、ミモザ、ソヨゴなどが人気。

落葉樹

秋から冬にかけて葉を落とす樹木。葉の大きな落葉広葉樹と、葉の細い落葉針葉樹があります。ハナミズキ、ジューンベリー、ヤマボウシなどが人気。

シンボルツリーがあると小さな庭がぐっと引き締まる

どんなに小さな庭でもシンボルツリー（庭のシンボルとなる木）を1本植えることで、空間に縦の要素が加わり、庭空間がぐっと引き締まった印象になります。これは樹木に限らず言えることですが、壁やフェンスを設けるなど、狭いスペースこそ縦の空間を思い切って有効に活用しましょう。

樹木選びの際に気をつけたいポイントはひとつ。剪定《せんてい》しやすい木を選ぶことです。どんな樹木も3年を過ぎると生長が加速します。樹木によって生長スピードは違うので、できる限り生長が遅く、樹形の美しい木を選びましょう。形が整っていると、ある程度放置しても美しい姿のまま保たれます。最初の樹木選びが、その後のお手入れのしやすさにつながります。

STEP 5

草花を選ぶ

一年草

発芽から花を咲かせて枯れるまで、1年以内の植物。花つきがよく、華やかな花色の植物が比較的多いで、花壇などの手前側に植えるとよいでしょう。マリーゴールド、サルビア、パンジーなど多種多様。

多年草

花が咲き終わったあとも枯れずに越冬し、翌年再び花を咲かせて数年間は楽しむことができる草花です。球根植物も多年草の一種で、ハーブ類は多年草が多いです。代表的なものにマーガレット、クリスマスローズ、タイム、カザニアなどがあります。一年草と宿根草の間を埋めるように植えましょう。

宿根草《しゅっこんそう》

シーズンオフには地上部が枯れても、地下根が生き続け、翌年も花を咲かせる植物です。冬場に枯れることを考えると、後ろめに植えるのがいいでしょう。本書では多年草の一種と考えます。代表的なものにデルフィニウム、エキナセアなどがあります。

テイストが決まると植物も決まる 草花の形、質感、色で変化を出す

草花には、1年ごとに植え替えが必要な「一年草」と、一度植えれば毎年花をつける「多年草」があります。植える場所やお手入れのことなど、用途に合わせて選びましょう。

草花は、形、質感、色で変化を出すことができます。シャープな縦ラインが印象的な花、小さな花をたくさんつける花、ベルベットのような質感の花などさまざまです。

色の数は多いとごちゃごちゃして散漫な印象になるので、ひとコーナーにつき2～3色に絞るとよいでしょう。白、ブルー系などメインの花の色を決めたら、補色の黄色を添える程度に。

最近はカラーリーフの色や模様のバリエーションが豊富です。花と上手に組み合わせて、センスアップとローメンテナンスの一石二鳥をねらうのもおすすめです。

短所が長所に変わる!

Q&A

小さな庭の欠点克服アイデア

狭い、日あたりが悪いなど、庭の悩みはさまざまです。そんな悩みを楽しいアイデアで見事に克服し、美しい庭に生まれ変わらせたお宅の実例を紹介します。

お悩み Q

庭が狭すぎて何ができるかすらわかりません……

ANSWER

狭いスペースだからこそ、要素のつまったおしゃれな庭が実現します

After
縦の空間を生むフェンス
歩くのが楽しい２種類の小道
及川邸

Before

小道をつくることで細長いスペースが快適空間に

門扉から玄関までの細長いスペース。隣家との間仕切りに木製フェンスを立て、奥には作業台とレイズドベッドの花壇をつくりました。

After
レイズドベッドで
視線を集める
花壇と同じ色のレンガで
雰囲気を統一
井上邸

Before

花壇と小道を同色でまとめて狭さを感じない空間に

縦４ｍ×横２ｍ程度のスペース。レンガのレイズドベッドの花壇で立体感を演出。さらに同色のレンガで小道をつくり、奥行きのある空間に。

花壇で視線を集めて狭さを解消！
個性的な小道でワクワク感を演出

庭のお悩みでもっとも多いのが「狭い」という問題。限られたスペースだからこそ、あれもこれも詰め込まず、要素を絞るのがポイントです。２組の実例は、どちらも玄関前など8～10㎡ほどの狭さで、デッドスペースがあったり、芝が育たない場所でした。日があたらない空間に高さのある花壇・レイズドベッドをつくり、植栽スペースを設けることで視点を集める場所が生まれ、狭さを感じにくくなりました。

玄関まわりは、通路となる場所でもあるので、石やウッドパネル、レンガなどを敷いて小道をつくり、歩くのが楽しくなる空間を演出しています。小道の資材はランダムに並べるのもおもしろい方法です。

IDEA

レイズドベッドは水はけの悪い庭でもOK

レイズドベッドとは床面を高くした花壇のこと。地植えや地面につくる花壇と比べて、高さがあるぶん水はけや風通しがよくなります。床面が上がるので、植物が目にとまりやすくなる効果も。

お悩み Q

庭が狭いので家の中が道路から丸見えで……

フェンスや樹木を使って上手に目隠しをしましょう

省スペースでしっかり目隠し

（写真上）以前はキッチンやリビングの窓から隣家が丸見えの状態でしたが、白いフェンスとグリーンで明るい印象に変身！
（写真右）隣家との間はほんのわずか。犬走りにフェンスを設置し、グリーンを置けるスペースも確保しています。

優しい印象の緑の目隠し

育ちすぎた樹木で重く塞がっていた空間。ほどよく視線を遮《さえぎ》りつつも、風や光を通すドドナエアに植え替えることで、季節を感じるガーデンスペースになりました。

季節感のある樹木でゆるやかに仕切るのがコツ

道路や隣家との間が狭く、道行く人や隣家から室内が丸見えで困るというお悩みは少なくありません。そんなときは、植栽を活用するのがおすすめです。

通行人の視線を集めるポイントをつくることで、住宅への視線外しになります。目隠し効果を考えると、枝葉の密生した樹木で仕切るのも効果的。シマトネリコやフェイジョア、ソヨゴは目隠しによく使う樹木です。

また、犬走りなど幅の狭い空間の目隠しには、フェンスを使うのも方法。圧迫感が出ると心配される方もいますが、反対にプライベート空間が生まれ、つる植物等でフェンスを彩る楽しみもできます。

IDEA

目隠しには1年中葉をつけている常緑樹を

落葉樹は秋から冬にかけて葉が落ちてしまうので、目隠し効果を考えると、1年中葉をつける常緑樹がおすすめ。花や実をつける樹木を選べば道行く人の目を楽しませることもできます。

お悩み Q

細長いスペースをうまく生かせません……

ANSWER

長さを逆手にとって奥行き感を出すと、短所が長所に変わります

K邸
After
草花は小道を彩るように

Before

カーブの小道で奥行き感をアップ

石を敷きつめ、ゆるやかなカーブの小道を中心に配した庭。小道に沿って小さな植栽スペースをつくり、季節を楽しめる空間に。

Before

After
バラを誘引《ゆういん》して立体感を出す
足元に幅10cmの植栽スペース
冬室邸

幅60cmでも緑いっぱいの庭

隣家との幅は60cm程度。細長い犬走りのスペースをフェンス+バラの誘引で華やかなローズガーデンに。フェンスの下には幅10cmほどの花壇を設けてクリスマスローズを植えています。

IDEA

狭い場所にはカラーリーフが重宝

花の少ない時期でも、葉色で楽しめるカラーリーフはお手入れがしにくい場所で活躍します。赤、黄、銀色や斑入《ふい》りなど種類もさまざま。ヒューケラ、アサギリソウなどが人気です。

細長いスペースには曲線で奥行きを演出する

花壇や構造物をつくるには難しい細長いスペースは、その長さを逆手にとり、奥行きを出して楽しみましょう。隣家との間の壁沿いにフェンスを立てたり、塀や窓枠などを利用して目の高さにバスケットを吊るすなど、縦の空間を生かすことで立体感が生まれ、奥へ奥へと進む楽しみが生まれます。

左上の写真のように、小道をつくり、ゆるやかにカーブさせることで奥行き感をさらにアップさせることができます。

また、細長い場所はお手入れのしやすさを考えることも大切です。ローメンテナンスですむ宿根草《しゅっこんそう》や葉色が楽しめるカラーリーフなどをアクセントにとり入れるとよいでしょう。

お悩み Q

庭の日あたりが悪く、植物が枯れてしまいます……

ANSWER

土づくりと植物選びで庭は劇的に生まれ変わります

After
リュウノヒゲやヒューケラなど
日陰でもしっかり育つリーフ
I邸

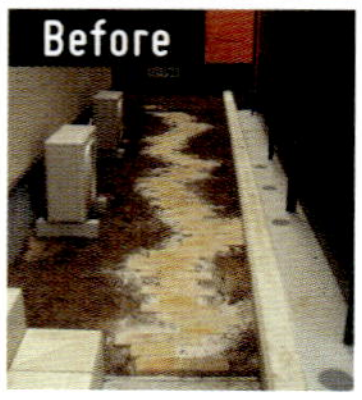
Before

日陰を好む植物で落ち着きのある大人の庭に

この住宅の犬走りは、1日中日がほとんどあたらない典型的な日陰のスペース。日陰に強い植物を選ぶことで緑を楽しむことができる場所に。

After
前田邸
半日陰でも育つヒメシャラ3本の間に
カラーリーフを配置

Before

木炭を入れて水はけを改善

両側を家に挟まれ、道路からも奥まった立地のため、日あたりが悪く植物が育たなかった住宅。土壌改良で植物が枯れない庭に生まれ変わりました。

土の状態をコントロールすると植物がよく育ち、手入れも簡単

植物をうまく生長させるためには土のコンディションを整えることが重要です。日照条件はもちろん、水はけのよし悪しなどで土の状態は変わります。

写真右の日陰の庭では、木炭をたっぷり入れて水はけをよくすると、植物がよく育つようになりました。日陰で育つ植物は生長がゆっくりなので、土の状態をコントロールすれば手入れも楽々。初心者でも簡単に庭づくりを楽しむことができます。

日陰の庭には日陰ならではのよさがあり、影のおかげで大人っぽくしっとりとした雰囲気の庭をつくることができます。強い日差しでは美しく見えない大ぶりの葉ものを植えたり、影を好むカラーリーフも豊富にあるので、日陰ならではの庭づくりを楽しみましょう（64ページ）。

IDEA

日陰、半日陰を好む植物も種類は豊富にある

多年草ならアストランティア、クリスマスローズ、ホスタなどが定番。樹木の場合は、日なたに植えるのとは違い、やわらかい雰囲気の樹木がおすすめ。そのほかにエゴノキ、ハイノキ、ヒメシャラなどがあります。

お悩み Q

庭の風通しが悪く、湿気がこもって困っています……

植物の位置を高くして風を通す工夫をしましょう

剪定《せんてい》の工夫で木々の蒸れを防止

生い茂る葉で風通しが悪くなっていたので、葉の間に風が通るようにすかし剪定。枝の中にすき間をつくるようにカットするのがコツです。

高さを出して風通しを確保

建物と隣家に挟まれた庭なので、風通しが悪い立地。鉢植えを中心にして、よく育つ環境を確保しています。

IDEA

まずは丈夫な植物を選ぶのがポイント

どんな悪条件でも元気に育つ植物はあります。写真のエルサレムセージ等ハーブ類の繁殖力は◎。シロタエギク、エレモフィラなどカラーリーフも丈夫なものが多数。風通し改善にはやはり花台が便利です。

鉢植えやコンテナを利用して湿気がこもならい環境づくりを

風通しの悪い場所では、湿気がこもって植物が根腐れを起こしたり、枯れてしまうことがあります。植物を育てるときには、できるだけ風通しのよい環境にすることが大切です。そんな環境に手軽に利用できるのが鉢植え。地植えや花壇に比べて高さを出しやすく、必要に応じて場所を移動することもできます。いすや飾り棚の上にのせて高さを出すと、風通しもよりよくなります。

また、湿気の多い場所は、丈夫で繁殖力の強い植物を選ぶことも大切。グラウンドカバーのリシマキアやサギゴケなど、芝生のように広がっていく繁殖力のある植物などをとり入れるのもよいでしょう。

小さな庭のプランの描き方

家を建てるときに設計図が必要なように、庭にも下地となる図面を描くとイメージをより正確につくり上げることができます。ここではプロも実践しているプランニングのためのアイデアスケッチの描き方を紹介しましょう。

STEP 01 現状の庭の様子を描いてみる

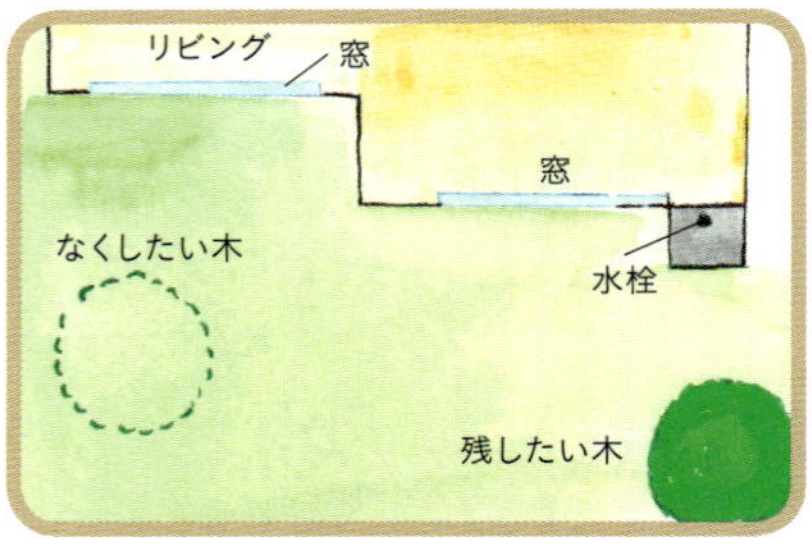

庭の敷地とその中にある要素を描きます。この時にいらないと思った既存の樹木などは省くか、薄く描きます。家の中からの目線がわかるように、庭に面した家の間取りも一緒に描いておきましょう。

STEP 02 メインの出入口を決め最初の一歩を考える

庭空間を有効活用するために、もっとも出入りしやすい場所を決めておきましょう。家屋と庭に段差がある場合は、デッキやステップを設けると室内と庭がつながって、出入りが一気にスムーズになります。

STEP 03 シンボルツリーや植栽スペースを決める

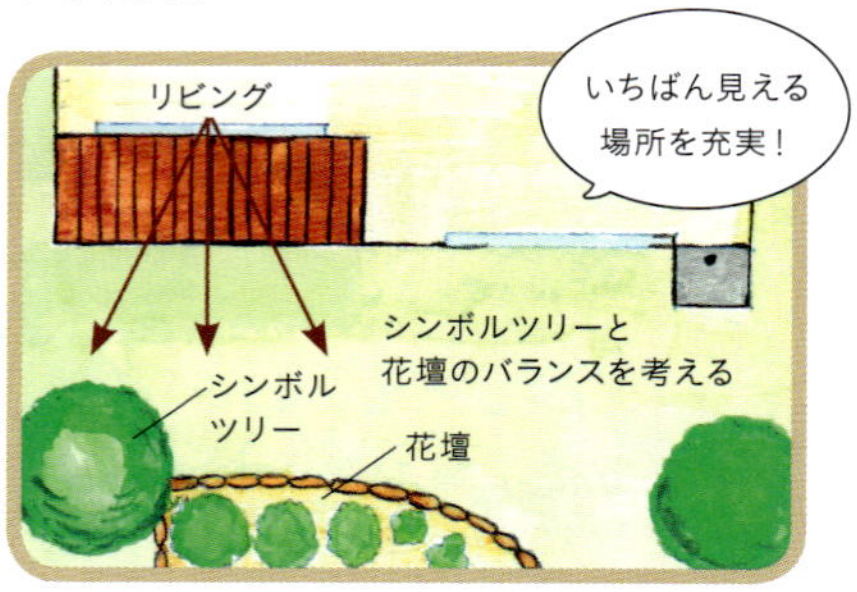

どんな庭にもフォーカルポイント（視線の集まる場所）があると、空間がぐっと締まります。いちばんよく見える場所につくるのがポイント。ここでは、リビングの窓の延長線上にシンボルツリーを設定しています。

STEP 04 快適に歩ける動線を決める

よく歩く場所とその動線上に小道を敷きましょう。水栓など必ず行く場所も忘れずに描きます。庭の風景を楽しみながら歩けることも大切なポイントです。奥行き感を出すなら、小道は直線よりくねらせるほうが◎。

STEP 05 構造物や雑貨を追加する

あこがれているアイテムをまずは2つくらい描き込んでみましょう。そして、まだ寂しいようだったら、空いたスペースを埋めるように植物や雑貨等でアイデアを加えていきます。

STEP 06 それぞれの素材を選ぶ

POINT

❶ **本や雑誌、Webからイメージ画像をスクラップするのもおすすめ**

❷ **自分でつくる際は手に入れやすい素材を**
花壇はLesson 3（69ページ～）、小道や構造物はLesson 4（85ページ～）を参照

❸ **植物は環境に合わせて選ぶ**
Lesson 2（35ページ～）で、場所別のおすすめ植物を紹介しています

つくりたい庭のテイストをイメージして（25ページ）、小道や花壇、構造物の素材を選びます。そして仕上げに、植栽する草花を日あたりや気候などの環境に合わせて検討しましょう。

LESSON 2

小スペースの庭づくり
場所別アイデアカタログ

メインの庭はもちろん、玄関前やアプローチ、駐車場など、
わが家の小さなスペースを「庭空間」にするための
アイデアやテクニックを実例をまじえて解説。
おすすめの樹木や草花も紹介しています！

PLACE
1

土が少なくても庭のように楽しみたい！

玄関前スペース

訪れる人が最初に目にする玄関前スペースは、鉢や雑貨、ハンギングなどを組み合わせて季節感のある空間を楽しみましょう。

植物の入れ替えがしやすい鉢やコンテナを活用して季節感を演出

玄関エントランスには、石やタイル、コンクリートなど硬質な素材が多く使われています。植物のあしらいで、見ためにも美しく、ホッとする空間を演出しましょう。

小さなスペースでも、シンボルツリーを中心に高低差をつけて植物を組み合わせると、動きや広がりが生まれます。寄せ植えやハンギングは、季節や雰囲気に合わせたコーディネートもできるので、ウエルカムコンテナとしてぜひおすすめです。

地植えのスペースがなければ、レンガで囲いをつくって花壇にしたり（82ページ）、大きめの鉢植えや雑貨を活用しましょう。

POINT

ローメンテナンス重視ならカラーリーフがおすすめ

まっ先に目に飛び込んでくる玄関前は、いつも美しく整えておきたいもの。葉の色や形が個性的なカラーリーフをメインに、宿根草《しゅっこんそう》、雑草予防になるグラウンドカバー植物などでまとめると、お手入れが楽です。

大小の葉とカラーリーフを多彩に組み合わせてリゾート感たっぷりに。つぼ型の鉢に剣葉のニューサイランを植えて高さを出しています。

ローメンテナンスでも美しいカラーリーフ・ガーデン

地面がなくてもあきらめない！

高低差をつけた
コーディネートがポイント

1 地植えのスペースがなければ、寄せ植えや雑貨を置いてみましょう。花台やミニテーブルを活用すると小さくても立体感のある空間に。

2 玄関の手前に背の高いウエルカムコンテナを置くと奥行きがでます。白い鉢ならより明るくてスタイリッシュな印象に。大鉢は水分の蓄えがきくので水やりが楽です。

3 イギリスアンティークの雰囲気に合うハンギングを飾りました。アイビーが白い外壁に枝《し》垂《だ》れます。目線より上に草花があると、空間に広がりが生まれます。

3 地面がなくてもハンギングで草花演出

中川邸

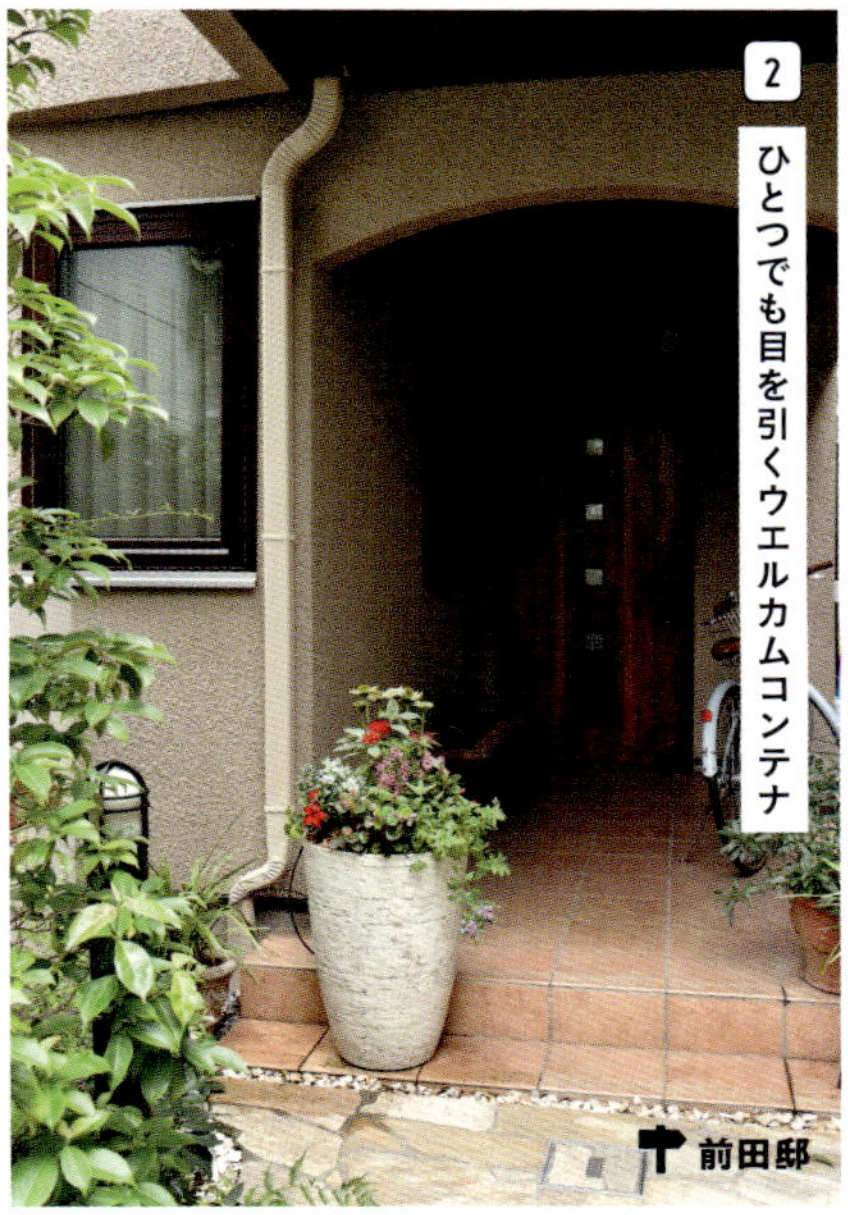

2 ひとつでも目を引くウエルカムコンテナ

前田邸

1 小スペースこそ「縦の空間」を活用

栗原邸

石敷きの小道を思わせるアプローチに沿って、カラーリーフなどの樹木を配置。高低差のある配置で、自然な雑木林のイメージを再現しています。

玄関前にシンボルツリーを

藤本邸

家屋の白壁に木立の緑が映えて

蓑口邸

モダンな外観に合わせて、シンボルツリーを中心に緑で構成。土面に山砂をまくことで、雑草防止とおしゃれな雰囲気づくりが同時にかないます。

狭い玄関横は壁面利用も効果的

藤本邸

シンボルツリーのミモザの下に、ピンクのバラをアイアンのトレリスに絡ませています。植栽に高さを出すと動きが出て、立体感のある空間になります。

PLACE 2

小さくても家の顔になるスペース

門扉まわり

門扉や門柱まわりのちょっとしたスペースも
アイデア次第で小さな庭になります。
自由な発想で、表情豊かに生まれ変わらせて。

門壁にナチュラルな花壇を併設

藤本邸

上にコッツウォルズストーンをあしらった門壁に、笠木と手前側の花壇でナチュラルなやさしい雰囲気に演出。地面にはわせたグラウンドカバーの植物が視覚的な広がりを生みます。

一年草で門扉や門柱を彩れば効果的なフォーカルポイントに

家の門扉や表札まわりの小さなスペースは、草花を飾るだけで視線を集めるフォーカルポイントになります。道路と家の敷地の境界にあたる場所なので、季節感の出しやすい一年草を中心に草花を植えてみましょう。周囲の景観に溶け込むよう意識するのがポイントです。

玄関前に小さなスペースが設けられている住宅では、デザインに凝った門柱やおしゃれなポストを設置して草花を飾るのがおすすめ。殺風景な空間が、びっくりするほど生まれ変わります。

長戸邸

門扉脇にはお気に入りの鉢植えとともに、シンボルツリーを植え、さらに奥にはバラのアーチが。道路から家屋にいざなうように徐々に高さを増しています。

下草の小さな花あしらいに注目

坂口邸

北欧風の門扉コーディネート

波多野邸

雑木に溶け込む枕木の門柱

荒井邸

門壁まわりのスモールスペースは、オーナメントをポイントにして、小さく個性的な色や形のリーフで足元をかわいく植栽。さらに寄せ植えを置いて、まとまりを出しました。

ハードウッドでつくった門壁は、カットのデザインを工夫してやわらかく、足元はレンガと砂利、植物を交えて動きを出しています。

枕木の門柱を背景にシンボルツリーを配置。素焼きのライトがアクセントになります。足元の緑は季節の鉢植えを利用しても。

花壇とコンテナを活用しておしゃれに演出

2 移動しやすいコンテナをプラス

3 門扉まわりにシンボルツリーを

山田邸

本藤邸

1 こぼれるように咲く小花の花壇

1 塀の内側のスペースに、高低差のあるさまざまな草花を寄せ植えします。アンティーク風のライトとポストがレンガに映えます。

2 壁際に木製のコンテナを。エイジング塗装で雰囲気を出しました。

3 二世帯住宅の表札まわりは、アンブレラ仕立てにしたハナミズキを主役に。

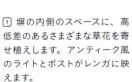

小さな庭の植物カタログ

玄関前&門扉まわりにおすすめの植物

シンボルツリーにぴったりの樹木 BEST3

風に揺れる葉が爽やか。樹木も整えやすいですよ

□シマトネリコ

半日かげ　日なた

【モクセイ科／常緑性・高木】

■**植えつけ時期**　通年

■**葉の色**　緑　■**樹高**　10m

花期	1	2	3	4	**5**	**6**	**7**	8	9	10	11	12

美しい小葉が規則的に並び、葉から降り注ぐ木漏れ日が涼しげな印象の樹木。5月下旬から7月上旬にかけて枝先に小さな白花が房のように咲く。花の後は白色の翼をもったたくさんの種をつける。明るい場所でよく育ち、暑さや湿気に強いのが特徴。

秋に大きくなる実は食べられ、花もよくつきます

□常緑ヤマボウシ

日なた

【ミズキ科／常緑性・高木】

■**植えつけ時期**　10～11、3～5月

■**葉の色**　緑　■**樹高**　10～15m

花期	1	2	3	4	5	**6**	**7**	8	9	10	11	12

梅雨時に白やピンクの花をつける樹木。花のつけ根の葉が白く花びらのようにも見えて映える。自然に樹形が整って、背もスラリと高くなるので、シンボルツリーにぴったり。樹皮が鹿の子模様になる。乾燥気味の場所で風通しよく育てるとよい。

初夏になる果実はジャムにもできます

□ジューンベリー

日なた

【バラ科／落葉性・中・高木】

■**植えつけ時期**　1～3月

■**葉の色**　緑→オレンジ赤　■**樹高**　3～5m

花期	1	2	3	**4**	5	6	7	8	9	10	11	12

春に白い花を数多く咲かせ、初夏には果実、秋にはオレンジ赤の紅葉と、四季を通じて楽しめる人気の樹木。真っ赤な果実は生食できる。スリムな樹形は、シンボルツリーとして人気。樹勢が強く耐寒性もあり、育てやすい小果樹。

華やぎが魅力の花

種類も多く、まとめて植えて印象的に！

□パンジー、ビオラ

日なた

【スミレ科／一年草】

■**植えつけ時期**　3～6月、8～11月　■**花の色**　白、赤、ピンク、黄、青、紫、複色ほか　■**草丈**　10～30cm

花期	**1**	**2**	**3**	**4**	**5**	6	7	8	9	**10**	**11**	**12**

大きな花がパンジー、小さな花がビオラと大別される。晩秋に苗を植えると春まで花が楽しめる。かたい土を嫌うので、腐葉土などを混ぜ水はけのよい土で育てて。

花は遠くからも目を引く鮮やかさ

□ゼラニウム

日なた

【フウロソウ科／多年草】

■**植えつけ時期**　3～6月、8～9月　■**花の色**　白、赤、ピンク、紫、複色ほか　■**草丈**　20～100cm

花期	1	2	**3**	**4**	**5**	**6**	**7**	**8**	**9**	**10**	**11**	**12**

環境が合えば1年中咲く。乾燥には強いが加湿に弱い。雨で茎や葉が腐りやすいので、梅雨時は軒下へ移すか株を切り戻す。葉が香るセンテッドゼラニウムも人気。

花の存在感は格別です！

□オリエンタルリリー

日なた

【ユリ科／多年草・球根】

■**植えつけ時期**　10月～11月

■**花の色**　ピンク　■**草丈**　50～200cm

花期	1	2	3	4	**5**	**6**	7	8	9	10	11	12

香りがよく、直径が20cm以上にもなる大輪花。ユリの王様とも呼ばれ、上向きに咲く華やかな様子は切り花としても人気。丈夫で育てやすい花。

季節感を演出しやすい花

暑さに強く、秋まで
咲き続けます

□ガイラルディア

日なた

【キク科／多年草、一年草】

■植えつけ時期　5月～6月　■花の色　オレンジ、黄色、茶色、複色　■草丈　30～90cm

花期	1	2	3	4	5	6	7	8	9	10	11	12

夏から秋にかけてコンパクトな草姿に大輪の花を次々と咲かせ、花期が長いのが特徴。株が消耗しないよう、枯れた花はこまめに摘みとって。

元気を与えてくれる
花として人気！

□ガーデンシクラメン

日なた

【サクラソウ科／多年草・球根】

■植えつけ時期　10～12月　■花の色　白、赤、ピンク　■草丈　10～20cm

花期	1	2	3	4	5	6	7	8	9	10	11	12

耐寒性があり戸外で育てることができる品種。花の色も形もバリエーションが豊富で、花期も長い。霜に弱いため、木の下や軒下などで育てるのがおすすめ。

春の訪れを感じさせて
くれます

□スイセン

日なた

【ヒガンバナ科／多年草・球根】

■植えつけ時期　9月～11月　■花の色　白、オレンジ、黄、複色　■草丈　10～50cm

花期	1	2	3	4	5	6	7	8	9	10	11	12

清楚な美しさで、ギリシャ時代から親しまれている花。1万種以上の品種があり、系統によって開花時期が異なる。水はけのよい土に植えつけを。

香りを感じられる花

野性的な雰囲気が
特徴です

□ハニーサックル

半日かげ　日なた

【スイカズラ科／常緑性・つる性植物】

■植えつけ時期　3～4月
■花の色　白→黄→ピンク、赤　■つる丈　3m

花期	1	2	3	4	5	6	7	8	9	10	11	12

甘い香りをあたり一面に広げるつる性の植物。その強い香りは精油にもなるほど。花が咲き終えると、赤い実をつける品種もあり、長く楽しめる。

庭を漂う香りが
訪れる人を魅了します

□ライラック

日なた

【モクセイ科／落葉性・高木】

■植えつけ時期　11～3月
■花の色　白、赤、紫、青　■樹高　1.5～6m

花期	1	2	3	4	5	6	7	8	9	10	11	12

枝先に穂状の花をたわわにつける、甘い香りが特徴の樹木。耐寒性が強く、冷涼で乾燥した気候を好む。西日に弱いため、植え場所には注意する。

コロンとした丸い形の
お花です

□バラ
ラ レーヌ ビクトリア

日なた

【バラ科／落葉性・低木】　■植えつけ時期　1～6月　■花の色　ピンク　■樹高　3.5m

花期	1	2	3	4	5	6	7	8	9	10	11	12

ヴィクトリア女王を表し、ブルボンローズを代表する花。ダマスクを基調とする濃厚な香りが特徴。剪定《せんてい》を控え、自然に仕立てると多くの花をつける。

雑草を生えにくくさせる草

花期が長く、毎年必ず
咲きます

□コンボルブルス（ブルーカーペット）

日なた

【ヒルガオ科／多年草】

■植えつけ時期　4～5月、9～10月
■花の色　青　■草丈　10～60cm

花期	1	2	3	4	5	6	7	8	9	10	11	12

4月から6月に花径2cmくらいの青い花を咲かせ、茎ははうように横に長く伸び、マット状に茂る。日によくあて、水はけをよくして育てる。

春先に咲く花が
可憐です

□グレコマ

日かげ　日なた

【シソ科／多年草】

■植えつけ時期　3～6月、10～11月　■花の色　淡紫色　■草丈　5～10cm、つるは1m～

花期	1	2	3	4	5	6	7	8	9	10	11	12

野草のため、丈夫で地面をはうように成長する。茎葉に爽やかな芳香があり、ハーブとしても使われている。土を乾燥させないように管理を。

葉と花の発色のよさが
魅力です

□ビンカ ミノール

日かげ　日なた

【キョウチクトウ科／多年草】

■植えつけ時期　3～5月、9～10月
■花の色　紫、白、青　■草丈　30～200cm

花期	1	2	3	4	5	6	7	8	9	10	11	12

地をはうように伸びて広がるつる性の植物。緑葉のほか、斑《ふ》入《い》りもあり、観葉植物として人気。耐寒性が強く、丈夫なため手間をかけずに増やせる。

PLACE
3

道路と敷地を分ける狭小スペース

フロントガーデン

家と道路の境を高い塀で仕切る代わりに、緑や季節の草花で彩れば、家の中から庭を楽しめるのはもちろん、道行く人からも、注目されること間違いなしです。

街並みにも溶け込み、防犯にも役立つ半パブリックガーデン

高い塀のない家であれば、道路と敷地の間のちょっとしたスペースを、庭として活用できます。季節の移ろいを演出することで、家の中から眺めるのはもちろん、通りを歩く人にも楽しんでもらえます。

低い塀がある場合は、塀を挟んで道路側と敷地側、両方を植栽スペースにすると、奥行きのある風景が生まれます。また、このようなフロントガーデンは防犯にも有効です。

地植えが難しそうなら、コンテナを利用すれば大丈夫。季節ごとに行う草花の入れ替えも手間がかからず楽にできます。

Close up !

狭小花壇でも草花でイキイキ
重久邸

家屋と道路の間のわずか30cmほどのフロントガーデン。ミニバラやラベンダー、ライスフラワーなど植えっぱなしでOKの多年草と樹木を中心に、寄せ植えの鉢で彩りをプラスしました。雑貨も重要な演出アイテムです。

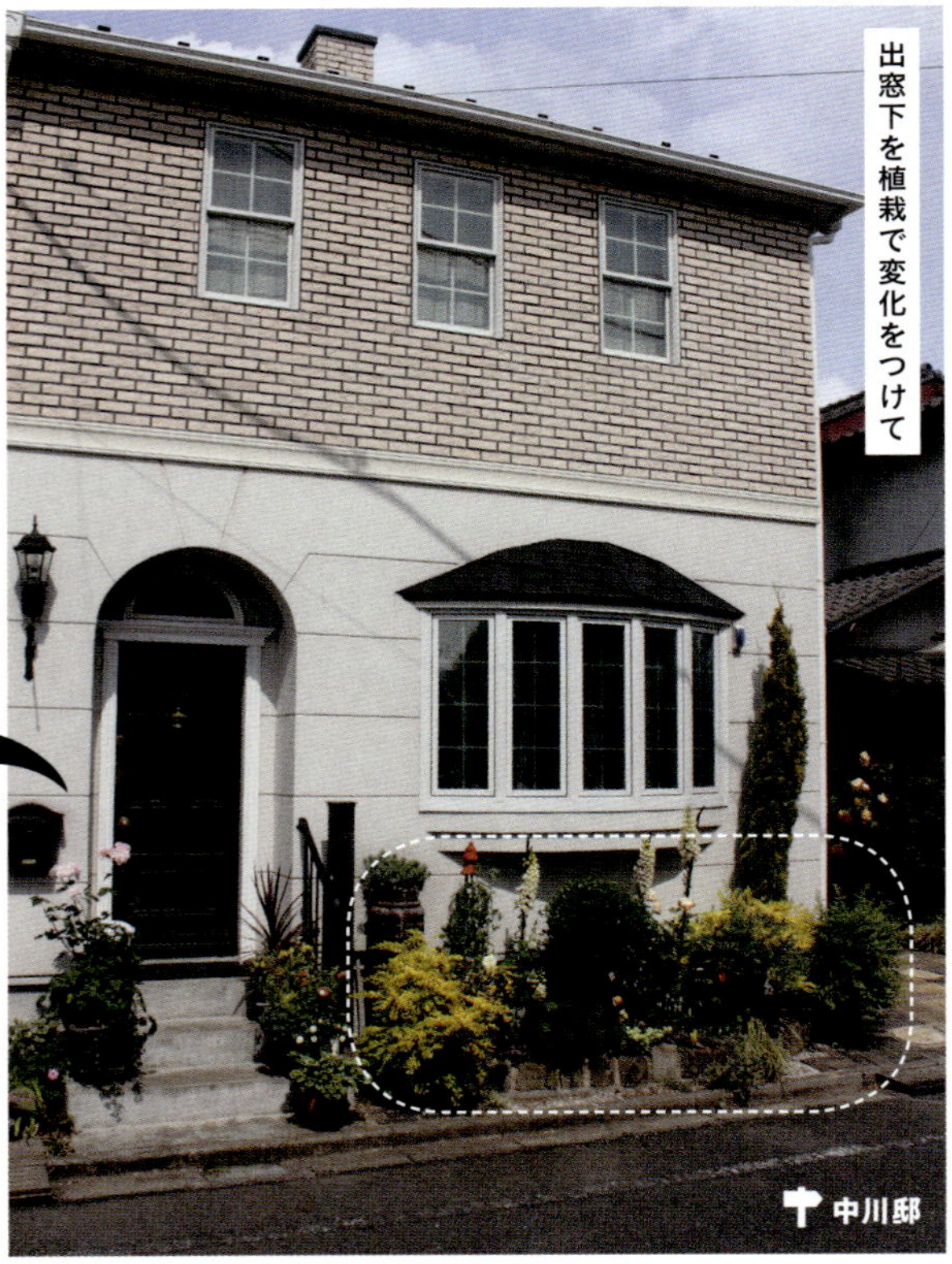
出窓下を植栽で変化をつけて
中川邸

Close up !

ジョージアンスタイルの建物に合わせて花壇の石もアンティークに。植物は、針葉樹のイタリアンサイプレス、コルジリネなどを配置しています。重厚感のある建物と、シャープな葉形、色合いがマッチ。植栽の選び方次第でフロントガーデンの雰囲気は変わります。

植物の高低差で空間にメリハリをつけて

平井邸

さまざまな形状のアイアンと植物の高低差で生み出した楽しい植栽。大きく育った宿根草《しゅっこんそう》がグラウンドカバーのライム色で引き立ちます。

どのくらい“開かれた庭”にする？

パブリック度合を考えたデザイン実例

1. アンティークのアイアンと天然木で花壇や花台に高低差をつけ、リズム感を出しました。住まう人のセンスが感じられるフロントガーデンです。

2. 植物をひな壇に植え込み、建物の壁にはバラを絡ませています。目隠しにもなる背の高い植物を植えるなど、外からの視線をほどよく遮《さえぎ》る工夫もしています。

3. 植栽を最小限にとどめることで、道行く人が立ち止まりたくなるような、オープンなエントランスにしています。周囲の風景に溶け込んだ開放的な庭です。

1 道行く人の目を楽しませる

栗原邸

Close up !

3 欧州の街並みのような鉢づかい

佃邸

2 雑木と草花をバランスよく

小椿邸

歩いて楽しい空間づくり

PLACE 4

玄関アプローチ

植栽を配置するスペースがなくても、
玄関までのちょっとした道のりを緑で彩れば、
訪れる人を癒す素敵な庭になります。

ちょっと目を引くドーナツ型の花壇にフォーカルポイントとしてフェイジョアを植え、小さな庭に存在感を出しました。足元にも草花を植えて。

建物に沿い20cm幅のスペースにハーブを植えて、コンクリートにやわらかさをプラス。多種類を植えることでリズミカルな印象になりました。

Close up !

玄関前の小さなスペースは、斜めに配置した方形石《ほうけいせき》の舗装で長さを強調したアプローチに。一歩ずつゆっくり歩きたくなる空間です。

歩く人の視線を意識しながら植栽を配置

玄関に続くアプローチは足元にタイルや石を敷いたり、植栽をリズミカルに配置することで、空間が平板な印象になるのを防げます。訪れる人の気持ちがワクワクし、和ませるアプローチを目指しましょう。

ポイントは、歩く人の視線を少し遮《さえぎ》るように植栽を配置すること。一直線のアプローチでも、入口から玄関まで行先がはっきり見えないようにすると、空間に奥行きが生まれます。また、道路側や隣地からの目隠しとして効果的です。

テーマを決めれば見えてくる
アプローチの演出アイデア

1　和の趣が感じられる大谷石《おおやいし》を敷き詰めれば、アプローチの防草対策にも。サクラの樹の下には大きくなったユーフォルビアを植えて、明るい印象を演出しています。

2　ナチュラルガーデンに合う乱形石《らんけいせき》のアプローチ。ウッドフェンス際は樹形がスリムなスカイロケットを配置しています。植物の高低差で美しい風景に。

3　バラを魅力的に見せるＳ字のアプローチがポイント。高低差のある花壇やパーゴラに誘引《ゆういん》したバラが映えるダイナミックな空間です。

3　バラが玄関先へといざなう

齋藤邸

2　草花がさまざまな表情を見せる

森邸

1　サクラの古木が影をおとす道

O邸

隣家の目隠しを兼ねたウリン材のフェンスでアプローチの長さを強調。足元の宿根《しゅっこん》草《そう》でやわらかさも加えました。壁面のハンギングが空間に動きを出しています。

ウリン材のフェンスが映えるアプローチ

内田邸

植栽で癒し、石を敷き詰めて清潔感を演出

天然石をリズミカルに並べて

ハナミズキの家

天然石をリズミカルに並べたアプローチは、まっすぐな導線でもリズミカルに映ります。石のみを敷き詰めれば清潔感のあるすっきりした印象となり、両側に植栽を配置すれば、訪れる人の目を和ませたり、歩いていて楽しい空間になるでしょう。

小さな庭の植物カタログ

フロントガーデン&玄関アプローチにおすすめの植物

通る人に元気を与える植物 BEST3

□ キンカン

日なた

【ミカン科／常緑性・低木】

■**植えつけ時期**　3～4月

■**花の色**　白　■**樹高**　2m以上

収穫期	1	**2**	**3**	**4**	**5**	6	7	8	9	10	11	12

ミカンの木に似ているが葉はミカンの葉より小さく、7月から8月頃に小さな白い花が咲く。完熟果は甘く生食でも食べられる。柑橘類の中では寒さに強く、豊富に実をつける。植えつけ直後や空気が乾燥しているときはじゅうぶんに水やりを。

実つきがよくトゲも少ないので育てやすいですよ

□ フレンチ ラベンダー

日なた

【シソ科／常緑性・低木】

■**植えつけ時期**　3～4月、10月

■**花の色**　紫、ピンク　■**樹高**　20～130cm

花期	1	2	3	**4**	**5**	**6**	**7**	8	9	10	11	12

ふっくらと膨らんだ花穂《かほ》が可憐な雰囲気の花をつける。細身のシルバーリーフも上品な印象で、耐暑性なので、夏越ししやすい。花を収穫しない場合でも、株が消耗しないように、早めに花を刈りとるのがポイント。

よく咲き、自由に切って切り花として楽しめます

□ バラ　ピエール ドゥ ロンサール

日なた

【バラ科／落葉性・つる性植物】

■**植えつけ時期**　1～6月、9～12月　■**花の色**　淡桃色　■**つる丈**　3m

花期	1	2	3	4	**5**	**6**	**7**	**8**	**9**	**10**	**11**	12

花はクリーム色の大輪で、花の中心に向かうほどピンクを増す。春から初夏頃まで開花は長く、秋頃に返り咲く。生育旺盛なため、フェンスや壁面などの広い場所での誘引《ゆういん》がおすすめ。丈夫で育てやすい品種のひとつ。

華やかに咲く花と香りに気持ちが高まります！

フォーカルポイントをつくる植物

一株あるだけで庭が際立ちます

丈夫できれいな花がお庭のポイントに

インパクトプランツとしておすすめです

□ アカンサス モリス

日かげ　半日かげ　日なた

【キツネノマゴ科／多年草】

■**植えつけ時期**　3～5月、9～11月

■**花の色**　白、ピンク　■**草丈**　60～150cm

花期	1	2	3	4	5	**6**	**7**	**8**	9	10	11	12

切れ込みのあるつややかな大ぶりの葉と、高く立ち上がるボリュームのある花穂の存在感が、人目を引くポイントに。暑さにも寒さにも強い。

□ ユーフォルビア

半日かげ

【トウダイグサ科／一年草、多年草、低木】

■**植えつけ時期**　3～5月、10～11月　■**花の色**　赤、オレンジ、黄、白、緑、紫　■**草丈**　10～100cm

花期	1	2	3	**4**	**5**	**6**	**7**	8	9	10	11	12

個性的な草姿と花が魅力で庭でも目立つ存在に。品種によって大きさや形状、色彩などが異なる。花つきをよくするには、できるだけ日にあてる。

□ ニューサイラン

日なた

【キジカクシ科／多年草】

■**植えつけ時期**　3～4月　■**葉の色**　クリーム色、黄色の斑入《ふい》り、銅、紫、赤　■**草丈**　60～300cm

花期	1	2	3	4	5	**6**	**7**	**8**	9	10	11	12

細長い葉を株元から扇状につける多年草。夏に長い花茎を伸ばし、暗赤色もしくは黄色の花穂をつける。日なたで育てると葉がまっすぐに伸びる。

風景を演出しやすい植物

虫がつきにくく、丈夫です

□セアノサス マリーサイモン

半日かげ　日なた

【クロウメモドキ科／落葉性･低木】

■植えつけ時期　3～4月、9～10月

■花の色　ピンク　■樹高　1～3m

花期	1	2	3	4	5	**6**	**7**	8	9	10	11	12

上品な淡桃色の花をたっぷりと咲かせる花木。自然にきれいな樹形に育ち、暑さにも寒さにも耐えるので育てやすい。真夏の日中の水やりは控える。

花は純白からライム色へと変化します

□アナベル

半日かげ　日なた

【アジサイ科／落葉性･低木】

■植えつけ時期　3～4月、10～11月

■花の色　白、ピンク　■樹高　1～1.5m

花期	1	2	3	4	5	**6**	**7**	8	9	10	11	12

初夏に咲く手まり状の装飾花は、花房が直径30cmにもなり、ひと際存在感を放つ。蕾《つぼみ》から咲き進むにつれて変化する花色も大きな魅力のひとつ。

葉と花のバランスがよくやさしい雰囲気

□キャットミント

日なた

【シソ科／多年草】

■植えつけ時期　3～4月、9～11月　■花の色　白、ピンク、青紫　■草丈　20～80cm

花期	1	2	3	**4**	**5**	**6**	**7**	**8**	**9**	**10**	11	12

穂のように見える花はラベンダーのようで、花期は比較的長い。暑さにも寒さにも耐えるが、夏の蒸れには弱い。水はけのよい土なら半日陰でも育つ。

光沢のある葉が人気です

□コプロスマ

日なた

【アカネ科／常緑性･低木】

■植えつけ時期　4～6月、9～10月

■葉の色　緑　■樹高　0.2～2m

鑑賞期	1	2	3	4	5	6	7	8	9	**10**	**11**	12

品種によって葉の色や形が異なり、葉に白覆輪《しろふくりん》が入るものもある。夏は斑がライム色に変化し、秋から初冬には葉が赤く色づき、もっとも美しくなる。

スラリと伸び風にゆれる姿が印象的

□ニゲラ

日なた

【キンポウゲ科／一年草】

■植えつけ時期　3～4月、10～11月　■花の色　白、ピンク、青、紫　■草丈　40～100cm

花期	1	2	3	4	**5**	**6**	**7**	8	9	10	11	12

糸状の葉や、花のように見える部分が個性的で、切り花としても楽しめる。花後にできる果実は大きくなって、こぼれ種で増える。初心者でも育てやすい。

かわいらしい花がたくさんつきます

□レンゲ ローズ

日なた

【バラ科／落葉性･低木】

■植えつけ時期　1～6月、9～12月

■花の色　ピンク　■樹高　0.2m

花期	1	2	3	**4**	**5**	**6**	**7**	**8**	**9**	**10**	11	12

八女津姫ともよばれるミニバラ。何度も花をつける四季咲きで、その名の通りレンゲのようなピンクの八重の花が咲く。ほのかに香る。

ランドマークによい樹木

銀葉は繊細な美しさです

□ミモザ

日なた

【マメ科／常緑性･高木】

■植えつけ時期　4～9月

■花の色　黄　■樹高　5～10m

花期	1	2	**3**	**4**	5	6	7	8	9	10	11	12

枝と葉が銀灰色で、美しい濃黄色の花を枝がしなるほど咲かせる。花には香りがあるため、切り花としても人気。花のためには7月までに剪定《せんてい》を。

地中海のイメージで人気です

□オリーブ

日なた

【モクセイ科／常緑性･中･高木】

■植えつけ時期　3～4月

■葉の色　銀　■樹高　2m～

収穫期	1	2	3	4	5	6	7	8	9	**10**	**11**	12

銀葉が美しく、異国情緒漂う雰囲気に。果実は塩漬けとして楽しむことができる。実がつくようにするには、他品種といっしょに植えるとよい。

冬の樹形も秋の黄葉も美しい木です

□カツラ

日なた

【カツラ科／落葉性･高木】

■植えつけ時期　2月、11～12月

■花の色　赤(葯《やく》の色)　■樹高　～30m

花期	1	2	3	4	**5**	6	7	8	9	10	11	12

下から見上げると広円錐形から卵形の整った自然樹形が美しい高木。個々の葉は愛らしいハート形をしている。落葉樹で、黄葉した葉から甘い香りが漂う。

PLACE 5

小さいからこそ自分らしい個性的な空間に

メインの庭❶

[センスのよい草花づかい]

メインの庭は、住まう人のセンスや個性を自由に表現できる場所。庭のテーマに合わせた草花を選び、数年かけて育てていくつもりで、植栽の成長を楽しんでいきましょう。

こぼれ種が育んだナチュラルガーデン

お気に入りの野草を植え、こぼれ種から育った草花いっぱいのナチュラルガーデン。季節の移り変わりを楽しめる豊かな空間です。

無造作な植栽の中に フォーカルポイントを置く

メインの庭づくりは一度に多くを詰め込もうとせず、テーマを決めてとりかかるといいでしょう。

例えば、季節の草花を楽しむ庭なら、自然の里山を思わせる、一見無造作にも見える植栽で、癒しの空間をつくります。形状や色合い、質感の異なる多種類の草花を植え込んでみましょう。また、パーゴラやアーチなどの構造物、個性的な雑貨をフォーカルポイントにすると、視点が定まって、住まう人のセンスを感じさせる空間になります。

大きなアナベルが入口の目印
中島邸

庭の入り口に大きなアナベルとオリーブを植えて森を散歩するようなイメージに。小道の先にアーチを設置して奥行きを出しています。

草花に包まれる空間
森邸

植物に囲まれた暮らしに憧れて、好きなハーブをたくさん植えました。パーゴラに絡ませた花の香りの下、至福の時間を過ごすことができる空間。

3
まるで花園に迷い込んだよう
関根邸

1
日の光を燦々と受ける花壇
長戸邸

2
花のエリアはあえて限定
須田邸

花壇やコンテナでセンスのよい草花づかい

1 バラはパーゴラに絡ませるため、レイズドベッドの花壇に植えました。地面よりも高い位置にあるため、日あたりと風通しがよくなるのが特徴です。

2 大きな水鉢を植栽スペースに置くと、全体がまとまって引き締まった印象になります。花のエリアをまとめると、季節ごとに草花を入れ替えるときも、限られたエリアですむのでメンテナンスも簡単。

3 バラがいっぱいの庭で優雅な雰囲気を演出。植栽は石積みの花壇や寄せ植えポットにまとめて植えているので、手入れがしやすいです。

PLACE 5

暮らしを豊かにする空間をつくる

メインの庭❷

[スタイルのある庭づくりアイデア]

メインの庭には住まう人の趣味やライフスタイルが反映されます。和の趣がある庭やダイナミックなハーブガーデン、芝生の庭など、快適な暮らしを実現する庭づくりを目指しましょう。

青々とした芝生、生い茂るハーブ、静寂が似合う和のしつらえ……

理想のライフスタイルを実現した庭の実例

1 アンティークレンガで壁をつくり、奥にはかわいらしい道具小屋。入口にハーブをダイナミックに植えてワイルド感を演出しました。

2 わさわさした植物をかきわけながら小道を進むと、アーチの先にひと休みできるベンチ。これがフォーカルポイントにもなっています。

3 美しい芝生の庭。芝生は広い面積のほうが育てやすいです。庭の雰囲気に合わせて、アンティークの電信柱を物干し竿の代わりに設置。

4 灯篭《とうろう》と枝垂《しだ》れのようなロウバイが和の趣を添えています。隣家の目が気になるため、デザイン性のあるフェンスを配置してモダンに。

5 砂利がメインの静かな空間。下に防草シートを敷いておくと手入れが楽に。砂利の大きさを変えたり、石貼りも一部を抜いて軽やかに。

目的や楽しみ方に合わせて理想の空間を自由にデザインする

メインの庭は比較的スペースが確保できる場所なので、眺めて楽しんだり、お茶をしながらくつろいだり、家庭菜園をしたりと、いろいろな使い方、楽しみ方ができます。

そのため、庭をつくる目的を考えてから、設計に入ることをおすすめします。テラスやパーゴラ、フェンスなどの構造物を上手にとり入れて、隣家からの視線を遮《さえぎ》りつつ、ライフスタイルに合う空間をつくりましょう。

庭での作業動線や活動内容をあらかじめ考えておけば、あとからスペース不足に困ることもありません。思い描いた目的がかなう庭になるでしょう。

使う？ 楽しむ？ 日々の暮らしを素敵に彩る庭

1 木漏れ日がやさしい雑木の庭

2 緑のトンネル

3 ティータイムが楽しい庭

4 おいしいベジタブルガーデン

1 空間を広く使えるよう、樹形のすっきりしたジューンベリーとシマトネリコを配置。高所で葉が茂るため、庭に陰影が生まれます。アーチで空間を切り取り、奥行きを出して。

2 レンガで縁取りした小道をつくり、作業がしやすいようにしました。ペイントしたパーゴラやアーチが視覚的なアクセントになります。

3 エレガントな雰囲気を漂わせる緑の中のテラス。パーゴラにシェードをつけると空間にまとまりが出て、まるでリビングのようにくつろげる空間になります。

4 野菜やハーブを植えるベジタブルガーデンは、レンガできっちりと仕切りをつけることによって、周囲が汚れにくく、作業もしやすい空間になりました。

メインの庭におすすめの植物

ムードづくりに役立つ背の高い草花 BEST3

□宿根リナリア

日なた

【オオバコ科／多年草・宿根草】

■**植えつけ時期**　4月、10～11月　■**花の色**　白、ピンク、黄、紫ほか　■**草丈**　60～70cm

花期	1	2	3	4	**5**	**6**	**7**	8	9	10	11	12

鮮やかな花色で、すらりとした花穂《かほ》の風に揺れる姿が優しい印象を与える多年草。葉は線状で青緑色をしている。耐寒性はあるものの、秋に入手した苗を植えつけた場合は、不織布をかけて防寒しておくと葉が傷まない。水のやりすぎに注意。

風に揺れて、雰囲気づくりに
もってこいの花です

□デルフィニウム

日なた

【キンポウゲ科／多年草・宿根草】

■**植えつけ時期**　3～4月、10～12月　■**花の色**　白、ピンク、青、紫、複色　■**草丈**　50～100cm

花期	1	2	3	4	**5**	**6**	7	8	9	10	11	12

品種によって花の咲き方が異なり、長い花穂が華やかなエラータム系と、ほっそりとした草姿に花を咲かせるシネンセ系、両者の中間的なタイプのベラドンナ系が代表的。本来は多年草だが、高温多湿の日本では一年草扱いすることも多い。

背の高い植物として貴重。
毎年植えて楽しめます

□ジギタリス

半日かげ　日なた

【オオバコ科／二年草・多年草】

■**植えつけ時期**　3～4月、10～11月　■**花の色**　白、ピンク、黄、紫、茶ほか　■**草丈**　30～180cm

花期	1	2	3	4	**5**	**6**	7	8	9	10	11	12

「キツネの手袋」と呼ばれる、長い花穂にびっしりと花をつける花姿が魅力的。草丈もあるので初夏の主役花としても人気。穂の下から順に花を咲かせていき、上位の蕾《つぼみ》が咲いた頃に花茎を根元から切りとると、細い側枝が伸びて二番花が咲く。

風に揺れる姿が美しく、
優雅な雰囲気が魅力です

夏の暑さに強く、元気をもらえます

□エキナセア

日なた

【キク科／多年草・宿根草】

■**植えつけ時期**　4～5月、10月　■**花の色**　赤、ピンク、黄、白、緑ほか　■**草丈**　30～100cm

花期	1	2	3	4	5	**6**	**7**	**8**	9	10	11	12

くっきりした花形で存在感があり、花期が長めなので、夏の花壇の彩りにぴったり。初夏に大きく育つ。切り花や、ドライフラワーにもよい。

ドライフラワーにもなります

□シャクヤク

日なた

【ボタン科／多年草・球根】

■**植えつけ時期**　9月～10月　■**花の色**　赤、ピンク、白、黄、複色　■**草丈**　60～120cm

花期	1	2	3	4	**5**	**6**	7	8	9	10	11	12

ボタンと並んで高貴な美しさを放ち、ゴージャスで上品な花を咲かせる。品種が多く、ひと重咲き、半八重咲きなど咲き方にそれぞれ個性がある。

寒い時期に咲く心強い味方です

季節感を出しやすい植物

□チューリップ、
□スイセン、
□ヒヤシンス
などの球根植物

土の中で栄養を蓄え、季節が訪れると美しく存在感のある花を咲かせる。咲き終わった球根は、植え直して翌年にまた花を咲かせるという楽しみもある。

フォーカルポイントになる樹木

クリスマスツリーとしても人気です

□ホプシー

日なた

【マツ科／常緑性・高木】

■**植えつけ時期**　2～4月

■**葉の色**　銀青　■**樹高**　約8m

鑑賞期	**1**	**2**	**3**	**4**	**5**	**6**	**7**	**8**	**9**	**10**	**11**	**12**

銀青色の葉が魅力の美しい針葉樹。円錐形の端正な樹形は存在感がある。生育は遅く、植えつけから2年未満の株には水やりを。

葉の表裏の色の違いがアクセントに

□フェイジョア

日なた

【フトモモ科／常緑性・中・高木】

■**植えつけ時期**　3～4月、12月　■**花の色**　白、ピンク、薄紫　■**樹高**　1.5m～

収穫期	1	2	3	4	5	6	7	8	9	**10**	**11**	12

初夏に紅色のおしべをつけたエキゾチックな花を咲かせる、大きくなりにくい家庭果樹。木が育つと香りのよい実をつける。

花をつけた姿は見事です

□ハナモモ

日なた

【バラ科／落葉性・高木】

■**植えつけ時期**　2～3月、11～12月

■**花の色**　ピンク、白　■**樹高**　5～8m

花期	1	2	**3**	**4**	5	6	7	8	9	10	11	12

サクラの花が咲く時期に前後して開花の最盛期を迎え、艶やかな花姿が存在感を放つ。さまざまな樹形があり、スペースに応じた樹形が選べる。

春に濃いピンクの花をつけます

□アメリカハナズオウ
フォレスト パンシー

日なた

【マメ科／落葉性・低木～高木】　■**植えつけ時期**　3月　■**花の色**　ピンク、白　■**樹高**　2～6m

花期	1	2	3	**4**	5	6	7	8	9	10	11	12

明るい茶色の樹皮が特徴の落葉花木。ワインレッドのハート形の葉をつけカラーリーフとして人気。耐寒性があり、初心者でも育てやすい。

手間のかからないグラウンドカバー

小さな青い花が咲くと春を感じます

□ベロニカ オックスフォードブルー

日なた

【オオバコ科／多年草】

■**植えつけ時期**　3～4月、9～12月

■**花の色**　青　■**草高**　～10cm

花期	1	2	3	**4**	**5**	6	7	8	9	10	11	12

地面をはうように生長し、春に小さな青い花を株全体にびっしりと咲かせる。日なたを好み、有機質に富む水はけのよい場所で育てる。

繁殖力が旺盛で雑草対策に最適です

□ディコンドラ アルゲンテア
シルバー フォールズ

半日かげ

【ヒルガオ科／多年草】　■**植えつけ時期**　3～5月、9～10月　■**葉の色**　銀白　■**草高**　3～10cm

鑑賞期	1	2	3	**4**	**5**	**6**	**7**	**8**	**9**	**10**	**11**	**12**

はうように伸びる長い茎に、輝く銀色白葉が密につく美しい多年草。日差しに強く、よく日にあてて育てる。過湿になると葉が黒くなるので要注意。

カラーリーフとしても万能です

□アジュガ

半日かげ

【シソ科／多年草】

■**植えつけ時期**　3～6月、9～11月

■**花の色**　ピンク、青紫　■**草高**　10～30cm

花期	1	2	3	**4**	**5**	**6**	7	8	9	10	11	12

黒みを帯びたつややかな葉が美しく、はうように葉を密に茂らせる。ピンクと白、クリーム色の斑《ふ》入《い》り葉の品種もある。涼しい半日陰で育てるとよい。

小さな庭の植物カタログ

メインの庭におすすめの植物

ムードをつくりやすい花いっぱいの植物 BEST3

□ メキシカンセージ

日なた

【シソ科／多年草】

■植えつけ時期　4〜7月

■花の色　紫　■草丈　20〜200cm

花期	1	2	3	4	5	6	7	**8**	**9**	**10**	**11**	12

秋にふわふわとしたビロードのような鮮やかな紫色の花を稲穂のように咲かせる。花部分は10〜15cmの長さになり、長い花期の間、次々と開花させる。リースの装飾や切り花にしてもきれい。真夏の西日は避け、土が乾燥しすぎないようにする。

秋に鮮やかな花が咲き、強健でよく増えます

□ カンパニュラ

日なた

【キキョウ科／二年草】

■植えつけ時期　9〜10月

■花の色　白、ピンク、紫　■草丈　50〜100cm

花期	1	2	3	4	**5**	**6**	**7**	8	9	10	11	12

ラテン語で「小さな鐘」の意味。ベルのようにふっくらとした花姿と優しい色合いが魅力。花色は白、ピンク、紫と多彩で、咲き終わると果実が実り、種を残して株は完全に枯れる。地植えの場合は、土を20〜30cm盛り上げたところに植える。

ホタルブクロの仲間で花をたっぷりと咲かせます

□ セントランサス

日なた

【オミナエシ科／多年草・宿根草】

■植えつけ時期　3〜4月、10〜11月

■花の色　ピンク、白、赤　■草丈　50〜80cm

花期	1	2	3	4	**5**	**6**	**7**	8	9	10	11	12

初夏に伸びた茎から短い花軸が株分かれし、小さな花を多数咲かせる多年草。5mm程度の芳香のある小さな花が密生した花姿は美しく、庭に彩りを与える。若葉と根は食用になる。乾燥した環境を好むので、風通しのよい場所で育てる。

丈夫で大株になります。花もよく咲きます

高低差を出しやすい低木

銀葉がきれいでローズマリーのような形です

□ ウエストリンギア

半日かげ　日なた

【シソ科／常緑性・低木】

■植えつけ時期　5月

■花の色　紫、白　■樹高　1.5m

花期	1	2	3	**4**	**5**	**6**	**7**	**8**	**9**	**10**	11	12

春から秋にかけて紫色や白の小さな花を咲かせる。葉は棒状で細く、枝や葉はやわらかい。多湿を嫌うため、水はけのよい乾燥した場所で育てて。

先のとがった花が爽やかに咲き誇る

□ セイヨウニンジンボク

日なた

【シソ科／落葉性・低木】

■植えつけ時期　3〜4月、9〜11月

■花の色　紫　■樹高　2〜3m

花期	1	2	3	4	5	6	**7**	**8**	**9**	10	11	12

花が少なくなる季節にスミレ色の花を咲かせる。花と葉に香りがあり、花期が長い。樹高が高めで枝も広がるため、開花時には存在感を放つ。

斑入りの葉が日陰を明るく演出します

□ 斑《ふ》入《い》りコデマリ

日なた

【バラ科／落葉性・低木】

■植えつけ時期　2〜3月、10〜11月

■花の色　白　■樹高　1〜1.5m

花期	1	2	3	**4**	**5**	6	7	8	9	10	11	12

葉の芽吹き時に全体がまっ白になる様子が楽しめる低木。春には多数の白い花を咲かせる。剪定《せんてい》に強く、樹形も自在で切ると再び白い葉が芽吹く。

壁面やフェンスを彩るつる性植物

香りながらよく生長する丈夫な花です

□カロライナジャスミン

日なた

【ゲルセミウム科／常緑性・つる性植物】

■**植えつけ時期**　4～8月

■**花の色**　黄　■**つる丈**　7m

花期	1	2	3	4	5	6	7	8	9	10	11	12
	1	2	**3**	**4**	**5**	**6**	7	8	9	10	11	12

ジャスミンに似た香りのよい濃黄色の花を株全体が覆われるほどたくさんつけ、次々と長期間咲かせる。日あたりのよいフェンスにおすすめ。

大株になるといつ剪定しても花をつけます

□モッコウバラ

日なた

【バラ科／落葉性・つる性植物】

■**植えつけ時期**　1～6月、9～12月

■**花の色**　白、黄　■**つる丈**　2～5m

花期	1	2	3	4	5	6	7	8	9	10	11	12
	1	2	3	**4**	**5**	6	7	8	9	10	11	12

つる性のバラで、トゲのないしなやかな枝に小花をたくさんつける。早咲きでほかのつるバラよりも早く咲く。虫がつきにくく、初心者におすすめ。

品種によっては地際から剪定OK！

□クレマチス

日なた

【キンポウゲ科／落葉性・多年草、つる性植物】

■**植えつけ時期**　4～7月、9月　■**花の色**　白、赤、ピンク、黄、青、茶、黒、複色　■**つる丈**　0.2～3m

花期	1	2	3	4	5	6	7	8	9	10	11	12
	1	**2**	3	**4**	**5**	**6**	**7**	**8**	**9**	**10**	**11**	**12**

1年に一度開花する一季咲きとくり返し咲く四季咲きがある。上向きに大輪の花をつけるものをはじめ、品種によって形も咲き方もさまざま。

葉も魅力的なつる性植物です

□テイカカズラ

半日かげ

【キョウチクトウ科／常緑性・つる性植物】

■**植えつけ時期**　4～7月、9月

■**花の色**　白　■**つる丈**　～10m

花期	1	2	3	4	5	6	7	8	9	10	11	12
	1	2	3	4	**5**	**6**	7	8	9	10	11	12

キョウチクトウを小さくしたような白色の花が、甘く香り、咲き進むとクリーム色に変化する。壁をよじ登るため、緑のカーテンにも利用できる。

野の花の雰囲気で種を増やせます

□ギリア

日なた

【ハナシノブ科／一年草、多年草】

■**植えつけ時期**　10～11月

■**花の色**　白、紫　■**草丈**　～70cm

花期	1	2	3	4	5	6	7	8	9	10	11	12
	1	2	3	**4**	**5**	**6**	7	8	9	10	11	12

春の終わりころに花をつける。背が高くなる草花として、花壇のアクセントにもおすすめ。こぼれ種でも増えることがある。

食用としても使えるのであると便利！

□ローズマリー（ほふく性）

日なた

【シソ科／常緑性・低木】

■**植えつけ時期**　4～5月、9～11月　■**花の色**　青、白、ピンク、薄紫　■**樹高**　0.3～2m

花期	1	2	3	4	5	6	7	8	9	10	11	12
	1	**2**	**3**	**4**	**5**	6	7	8	9	10	**11**	**12**

抗菌作用や酸化防止効果があるといわれるハーブ。枝が横や下に伸びるほふく性のローズマリーは、花壇などで枝垂れさせたり、グラウンドカバーのように植えるとよい。

早春の寒い時期に咲くのがうれしい

□ギョリュウバイ

日なた

【フトモモ科／常緑性・低木】

■**植えつけ時期**　5～6月

■**花の色**　赤、桃、白　■**樹高**　0.3～4m

花期	1	2	3	4	5	6	7	8	9	10	11	12
	1	**2**	**3**	**4**	**5**	6	7	8	9	10	11	12

細い枝を密に生やし、その枝に葉や花を多くつける。葉は小さく、先端がとがった形をしていて、花は梅の花のよう。水はけのよい場所に植える。

PLACE 6

少しの植栽演出で庭のような雰囲気に！

駐車スペース

殺風景になりがちな駐車スペースに植物を入れるだけで、彩りが生まれ家まわりが明るく目立ちます。コンクリートのすき間やデッドスペースを使って小さな庭に。

駐車場に緑をあしらうだけで家全体がやわらかな印象に！

庭として使えるスペースが少ない場合、駐車場に緑をあしらうのも方法です。

舗装から考える際は、車幅に合わせて枕木やタイルを敷いて、その間の目地《めじ》に地面をはうような植物をあしらったり、脇にできるデッドスペースに、大きくなりすぎない低木を植えるのも方法のひとつです。

建物と駐車場の間にシンボルツリーを植えるとスペースを分けることができますし、外からの目隠しにもなります。また、パーゴラや柵を設置すれば、狭い駐車場でも奥行きや立体感を出すことができます。

草花でやさしく彩られた空間に

森邸

駐車スペースのまわりを植物で囲むと家全体がやわらかい印象に。コンクリートの石畳は、一部に芝生を敷いて庭の緑になじませると車がないときも明るい空間になります。

モッコウバラのトンネル

山田邸

駐車場の入り口にアーチに見立てたモッコウバラを植えました。モッコウバラは樹形を整えやすいのでおすすめ。花が咲いたときの眺めも意識して仕立てます。

Close up !

Close up !

すき間やデッドスペースに緑をあしらう

植栽演出で駐車場が素敵な庭空間に！

1 駐車場奥のデッドスペースに植栽スペースを設けることで、癒し空間を演出できます。自然にはみ出したように植えてある植物がかわいらしい印象に。

2 駐車場のまわりを緑で囲むようにすると、庭のような雰囲気になります。多種類の植物がイキイキと茂り、家族を送り迎えします。鉢植えも使いこなして。

POINT

“敷き素材＋草花”のコーディネートで明るく生まれ変わる駐車スペース

駐車場は人工的で平坦な印象になりがちですが、明るい色みのレンガを敷くと印象が変わります。複数の色を組み合わせたり、ランダムな配置でリズミカルな雰囲気にするのもおすすめです。植栽の緑が映えるおしゃれな空間になります。

駐車場の床面にはレンガを組み込み、少ない土の部分を生かして低木や草花を植え込み、庭の中に駐車スペースがあるイメージに。

家の基礎を石貼りで隠して重厚感を演出。建物沿いの植栽スペースは、奥行き70cmあればシンボルツリーも植えられます。車がないときにも絵になる空間です。

小さな庭の植物カタログ

駐車スペースにおすすめの植物

駐車場のすき間がきれいに埋まる草 BEST3

□ セダム

半日かげ　日なた

【ベンケイソウ科／一年草・二年草・多年草】

■植えつけ時期　3〜5月、9〜10月　■花の色　白、赤、ピンク、黄　■草丈　2〜60cm

花期	1	2	3	4	5	6	7	8	9	10	11	12
（開花月）		●	●	●	●	●	●	●	●	●	●	

500種類以上もの品種がある多肉植物。葉は緑色でマット状に群生するものや、茎が伸びて枝垂《しだ》れるものなどさまざま。乾燥には強いが、春と秋の生育期には、土の表面が乾いたらたっぷりと水を与えるのがポイント。

広がって増え、
さまざまな葉色が楽しめます

□ クリーピング タイム

日なた

【シソ科／常緑性・低木】

■植えつけ時期　3〜6月、9〜11月　■花の色　ピンク、白、淡紫　■樹高　10〜15cm

花期	1	2	3	4	5	6	7	8	9	10	11	12
（開花月）				●	●	●						

ハーブのひとつであるタイムの仲間で、地をはうように広がるほふく性の代表種。踏みつけにも強いので、グラウンドカバーにぴったり。春に5mm程度の小さな花を手まり状に咲かせる。乾燥を好むので、蒸れないように風通しのよい場所で育てる。

丈夫。そして広がります。
かわいい小花をつけるハーブです

□ タマリュウ

日かげ　日なた

【キジカクシ科／多年草】

■植えつけ時期　3〜6月、9〜11月　■葉の色　緑　■草丈　5〜15cm

花期	1	2	3	4	5	6	7	8	9	10	11	12
（開花月）							●	●				

チャボリュウノヒゲとも呼ばれ、葉が小さく密生してマット状に茂る。草姿が安定しているため、芝生のような景観をつくるのに向く。冬には青紫の実をつける。場所を選ばず、手間いらずで育てられる。混みあってきたら株分けを。

濃いグリーンがポイントで
際立ちます

枝葉が張らず
かさばらない樹木

枝が細く、
赤い実がかわいい！

□ アロニア

日なた

【バラ科／落葉性・低木】

■植えつけ時期　12〜2月　■花の色　白　■樹高　2〜3m

花期	1	2	3	4	5	6	7	8	9	10	11	12
（開花月）				●	●							

まっすぐ伸びて、軽やかな立ち姿。生長もゆるやかなので、小さな庭におすすめ。赤い実がなるものと、黒い実がなるものがある。高温多湿は避ける。

やわらかく繊細な
雰囲気が人気です

□ マホニアコンフューサ清流

日かげ　日なた

【メギ科／常緑性・低木】

■植えつけ時期　3〜4月、10〜11月　■花の色　黄　■樹高　1.5〜2m

花期	1	2	3	4	5	6	7	8	9	10	11	12
（開花月）			●	●								

糸のように細い葉が特徴で、早春に長い花穂《かほ》に黄色い花を咲かせる。植えつけ場所を選ばない。病害に強く手がかからないが水枯れには注意を。

スッキリと縦に伸びる
のが特徴です

□ スカイロケット

半日かげ　日なた

【ヒノキ科／常緑性・高木】

■植えつけ時期　1〜5月、10〜12月　■葉の色　青緑　■樹高　4〜5m

花期	1	2	3	4	5	6	7	8	9	10	11	12
（開花月）				●	●	●	●	●				

樹形はピラミッド形で横に広がらず、スペースが少ない場所でも植えやすい直立性の樹木。蒸れないよう秋には透かし剪定《せんてい》をするのがおすすめ。

自由に剪定《せんてい》しても枯れにくい植物

まわりを明るくしてくれます

□ シルバープリベット

日かげ　日なた

【モクセイ科／常緑性・低木】

■**植えつけ時期**　3月、6～7月

■**花の色**　白　■**樹高**　2～3m

花期	1	2	3	4	5	**6**	7	8	9	10	11	12

葉色が明るく、葉の縁に入った白い斑《ふ》が花のない時期でも周囲を明るく演出する。6月に甘く香る小さな白い花を多数つける。排気ガスや潮風に強い。

強剪定をしても花が咲きます

□ アベリア

半日かげ　日なた

【スイカズラ科／常緑性・低木】

■**植えつけ時期**　3～6月、9～11月

■**花の色**　白、ピンク　■**樹高**　1～1.5m

花期	1	2	3	4	**5**	**6**	**7**	**8**	**9**	**10**	11	12

花期が長く、大きく育てると枝が枝垂《しだ》れてアーチ状になる。品種によっては季節ごとに葉色が変わるものも。冷たい風があたらない場所に植えて。

お祝いの木としても人気があります

□ マートル

半日かげ　日なた

【フトモモ科／常緑性・低木】

■**植えつけ時期**　2月

■**花の色**　白　■**樹高**　1～3m

花期	1	2	3	4	**5**	**6**	7	8	9	10	11	12

糸のように細いおしべが特徴的で、白い花を枝先に開花させる花木。病害虫に強く、育てやすい。

スペースの脇に植えやすい植物

植え放しでも育つ強健な植物です

□ アガパンサス

日なた

【ヒガンバナ科／多年草】

■**植えつけ時期**　3～4月、9～10月

■**花の色**　青紫、白　■**草丈**　30～150cm

花期	1	2	3	4	**5**	**6**	**7**	**8**	9	10	11	12

初夏に淡い青紫や白の美しい花を多数咲かせ、立ち姿も優雅。草丈や花形は種類によって異なる。かなりの乾燥にも耐えるため、水やりはほとんど不要。

斑入り葉が明るい印象を与えます

□ ロニセラ ニティダ レモンビューティ

日なた

【スイカズラ科／常緑性・低木】

■**植えつけ時期**　3～4月

■**花の色**　オレンジ、黄　■**樹高**　3m

花期	1	2	3	4	5	**6**	**7**	**8**	**9**	10	11	12

1cm程度のレモン色の斑入りの美しい小さな葉が、はうように枝を伸ばす。季節の変化とともに葉の色が変わるので、年間を通して楽しめる。

小花の色が変化します

□ エリゲロン

半日かげ　日なた

【キク科／多年草、一年草】

■**植えつけ時期**　3～6月、9～11月

■**花の色**　白、ピンク、黄　■**草丈**　5～100cm

花期	1	2	3	4	**5**	**6**	**7**	**8**	**9**	**10**	11	12

プロフュージョンという品種は、キクのような小花が花期の間に白からピンクに変化する。丈夫で育てやすく、植える場所を選ばない。

踏みつけに強い植物

スーッとハッカのようなよい香りがしますよ

□ ペニーロイヤルミント

半日かげ　日なた

【シソ科／多年草】

■**植えつけ時期**　4～7月、9～10月

■**花の色**　紫　■**草丈**　～40cm

花期	1	2	3	4	**5**	**6**	7	8	9	10	11	12

地をはうほふく性のミントの一種。踏みつけにも負けない繁殖力の強さで、あっという間に広がる。毒性があるため、口にしないよう注意して。

斑入りの葉はカラーリーフとして人気です

□ フィカス プミラ

半日かげ

【クワ科／常緑性・多年草】

■**植えつけ時期**　5～7月

■**葉の色**　緑、斑入り　■**草丈**　5～15cm

花期	1	2	3	4	5	**6**	**7**	**8**	**9**	10	11	12

ハート型の葉に白く縁どるような斑がアクセント。つる性の茎を伸ばし、壁や地面をはわせることも。水はけのよい土を使って育てて。

花がかわいらしく、紅葉も楽しめます

□ ヒメイワダレソウ

日なた

【クマツヅラ科／多年草】

■**植えつけ時期**　4～11月

■**花の色**　桃、白　■**草丈**　5～10cm

花期	1	2	3	**4**	**5**	**6**	**7**	**8**	**9**	**10**	**11**	12

花期が長く、3～4mmの小花が多数集まって、1.5cmくらいの球状の花を咲かせる。強い日差しや高温に強く、コンクリートの上でも茂る。

地面がなくても“庭”はつくれる！

PLACE 7

テラス&ベランダ

地面がなくても憩いの場はつくれます。
コンテナや棚などの構造物を上手に組み合わせて、
高低差や奥行きが生まれる配置を考えましょう。

木々がそよぐ緑いっぱいのベランダガーデン
今城邸

風に強いシマトネリコ３本が主役。自然光が入り、枝葉から風が抜けて優しい風が吹き込む空間です。ベランダでも工夫次第で緑豊かなスペースに。

鉢植えやコンテナを利用して土がなくても緑豊かな空間に

　庭として使えるスペースがないマンション暮らしでも、テラスやベランダ、バルコニーを活用すれば緑を楽しむことはできます。限られたスペースなので、何をどう配置するか、工夫が大切になってきます。棚や柵があると空間を立体的に使えるので、鉢植えや雑貨を置く場所も増やせるでしょう。

　鉢植えは高低差のあるものをとり混ぜて、空間をリズミカルに演出します。また、ベランダは乾燥しやすく、強風にさらされることも多いので、しっかり対策を。

機側的に並べた花壇がモダンなテラス
大泉邸

無機質になりがちなコンクリートのテラスも、少しの草花あしらいで変身！同じ規格の花壇を規則的に並べた空間は、ほどよくモダンな空気をまといます。

コンテナの活用で"地面"はつくれる

ベランダの柵際に花壇を設けて たっぷりの草花で演出しましょう！

1. まっ白な木箱はベランダの壁になじむので、狭さを感じさせません。優しい緑がリビングからも眺められ、心が和みます。

2. ベランダは風が強く吹き込むことがあるので、コンテナの素材や置く場所に気をつけて。木製や背の低いコンテナなら吹き飛ばされず、風通しもよくなります。

3. レモンの木もベランダで育てることができます。コモンセージやタイム、ローズマリーなどハーブもいっしょに植えておけば、料理で使えて便利です。

3
ハーブはベランダにぴったり

2

風を受けすぎない高さに

1
圧迫感のない白い木箱

お気に入りの雑貨と草花で満たして

物干しにハンギングを掛け、柵際の木箱で季節感のある花あしらいを楽しみます。縦を意識した演出は、空間の広がりを感じさせるので、狭いベランダにも効果的です。

保水性が高い大コンテナ

高低差をつけたディスプレイ。植物の器はなるべく大きめを選んだほうが、水やりなどの手入れが楽になります。コンテナひとつで小さな庭ができ上がりました。

棚を設置するとベランダ内に高低差をつけられるので、空間に動きを出したり、草花を置くスペースも増やせます。部屋からの眺めを楽しんで。

高低差を演出する木製棚

小さな庭の植物カタログ

テラス＆ベランダにおすすめの植物

ベランダでよく育つキッチンコンテナ BEST3

□ コモンタイム

日なた

【シソ科／多年草】

■植えつけ時期　3～6月、9～11月

■花の色　ピンク　■草丈　20～40cm

花期	1	2	3	4	5	6	7	8	9	10	11	12

春から初夏に小さな花を咲かせる。殺菌防腐効果が高く、古代ローマ・ギリシャ時代から葉をいぶして浄化に、また紙類の虫食い防止などに使われてきたハーブ。比較的乾燥には強い一方、高温多湿には弱い。水やりは土が乾いたらたっぷりと。

数あるタイムの中でも
特においしいハーブです

□ コモンセージ

日なた

【シソ科／多年草】

■植えつけ時期　4～5月、9～10月

■花の色　紫　■草丈　30～70cm

花期	1	2	3	4	5	6	7	8	9	10	11	12

シルバーの葉、紫色の花が美しく、観賞用としても人気のハーブ。香りが強いため虫がつかず、近くに植えた植物にも虫がつきづらくなる効果が。料理に使う際は肉の臭みを消して風味を豊かにする。やや乾燥気味に管理をするのがコツ。

料理に大活躍！
チーズとの相性も抜群です

□ ローズマリー（立ち性）

日なた

【シソ科／常緑性・低木】

■植えつけ時期　4～5月、9～11月

■花の色　青、白、ピンク　■樹高　0.3～2m

花期	1	2	3	4	5	6	7	8	9	10	11	12

葉に爽快で力強い香りのあるハーブ。秋から春にたくさんの小さな花を咲かせ、花色、葉色のバリエーションが豊富。肉料理から魚料理まで多くの料理で活躍するので、部屋の近くに植えてあると便利。真夏の日差しや乾燥に強く、育てやすい。

お料理にも虫よけにも使える、
暮らしの必需品

乾燥に強い植物

日あたりを好むので
乾かし気味に育てます

□ ローダンセマム

日なた

【キク科／多年草】

■植えつけ時期　2～4月、9～11月

■花の色　白、ピンク、クリーム　■草丈　10～30cm

花期	1	2	3	4	5	6	7	8	9	10	11	12

マーガレットによく似た花で、葉も美しい。乾燥に強い一方、高温多湿には弱い。鉢植えなら雨を避けて置くとよい。

丈夫でとても育て
やすい花です

□ ペラルゴニウム

日なた

【フウロソウ科／多年草】

■植えつけ時期　6～7月、9～10月　■花の色　白、赤、ピンク、オレンジ、紫、複色　■草丈　20～80cm

花期	1	2	3	4	5	6	7	8	9	10	11	12

ゼラニウムの仲間で、春から初夏にかけて咲く。5～8枚の花弁が重なりあったものや、花弁の縁がフリルのように波打つものが多く、華やか。

品種によっては紅葉が
楽しめるものも

□ 多肉植物

日なた

多肉質な葉を持つ独特なフォルムが人気の植物。種類が多く、それぞれ生長する季節によって、春秋型種、夏型種、冬型種の3つに分けられる。
春秋型種…セダム、ペペロミア、ハオルチア
夏型種…アロエ、ユーフォルビア、カランコエ
冬型種…アエオニウム、リトープス、オトンナ

風に強い植物

丈夫で元気な花を咲かせます

□ガザニア

日なた

【キク科／多年草】

■**植えつけ時期**　3〜4月、9〜11月　■**花の色**　白、黄、オレンジ、ピンク、赤　■**草丈**　15〜40cm

花期	1	2	3	**4**	**5**	**6**	**7**	**8**	**9**	**10**	11	12

春から秋に勲章のような鮮やかな花を咲かせる。日光があたると花が開き、日が出ていないときは閉じる性質がある。日あたりのよいところで育てる。

丸い葉がかわいくて丈夫です

□ワイヤープランツ

半日かげ　日なた

【タデ科／常緑性・低木・つる性植物】

■**植えつけ時期**　3月〜6月、9月〜10月　■**花の色**　黄緑　■**樹高**　0.1〜5m

花期	1	2	3	4	**5**	**6**	**7**	**8**	9	10	11	12

小さな緑の葉がかわいらしいほふく性の常緑低木。針金のような茎が横にはって長く伸びる。冬は霜にあたると落葉するので、軒下や霜よけ下に置く。

赤いつぼみが魅力的

□ハゴロモジャスミン

日なた

【モクセイ科／多年草・つる性植物】

■**植えつけ時期**　3〜4月、9〜11月　■**花の色**　白　■**つる丈**　20m

花期	1	2	3	**4**	**5**	6	7	8	9	10	11	12

4〜5月ごろにたくさんの花をつけるつる性植物で、香りのよい花が人気。真夏は半日陰の涼しい場所に移す。冬は5℃程度で保つと翌年も蕾《つぼみ》をつける。

日なたに強い植物

小花が愛らしく、長く咲きます

□バーベナ

日なた

【クマツヅラ科／一年草、多年草】

■**植えつけ時期**　5〜7月、9月　■**花の色**　白、赤、ピンク、紫、複色　■**草丈**　20〜150cm

花期	1	2	3	4	**5**	**6**	**7**	**8**	**9**	**10**	**11**	12

真夏の炎天下でも生育旺盛で、春から秋までサクラソウに似た小さな花をたくさん咲かせる。蒸れを防ぐため、花がらはこまめに摘んで。

ドライにしてポプリにしても

□ラベンダー

日なた

【シソ科／常緑性・低木】

■**植えつけ時期**　3〜4月、10月　■**花の色**　紫、白、ピンク　■**樹高**　20〜130cm

花期	1	2	3	**4**	**5**	**6**	**7**	8	9	10	11	12

鮮やかな紫などの花が特徴で、優しい香りを放つハーブ。香りにはリラックス効果があり、精油や香料にも使われるほど。風通しのよい場所で育てる。

実は小さいですが甘いですよ

□ワイルドストロベリー

日なた

【バラ科／多年草】

■**植えつけ時期**　3〜6月、9〜11月　■**花の色**　白　■**草丈**　10〜20cm

花期	1	2	3	**4**	**5**	**6**	7	8	**9**	**10**	11	12

5〜7月につける実は、フルーティーな香りが魅力で、食べられる。乾燥させた葉はハーブティーになる。暑さ、寒さに強く場所を選ばずに育つ。

デッドスペースでも育つハーブ

ドライにすると防虫剤にも！

□レモングラス

日なた

【イネ科／多年草】

■**植えつけ時期**　4〜6月　■**葉の色**　緑　■**草丈**　100〜180cm

収穫期	1	2	3	4	**5**	**6**	**7**	**8**	**9**	**10**	11	12

葉にレモンのような爽やかな香りがあり、エスニック料理の香りづけやハーブティーにおすすめ。暑さに強い一方、寒さには弱いため置き場所に注意。

少し植えておくだけでも便利ですよ

□パセリ

半日かげ　日なた

【セリ科／二年草】

■**植えつけ時期**　3〜5月　■**葉の色**　緑　■**草丈**　20〜30cm

収穫期	**1**	**2**	3	4	5	**6**	**7**	**8**	**9**	**10**	**11**	**12**

セリ科特有の、爽やかな香りが特徴のハーブ野菜。パセリの根はまっすぐに深く伸びる性質があるので、植える場所は深く耕すことが大切。

サラダにスパゲッティに幅広く活躍します

□バジル

半日かげ　日なた

【シソ科／一年草】

■**植えつけ時期**　3〜6月　■**花の色**　白　■**草丈**　50〜80cm

花期	1	2	3	4	5	6	**7**	**8**	**9**	10	11	12

フレッシュな香りの葉が、料理に活躍するハーブ。春から秋まで長く収穫が楽しめ、真夏は朝夕に水を与えると、常にやわらかい葉が収穫できる。

PLACE 8

日陰だからこそ落ち着いた雰囲気に

日陰スペース

日陰や半日陰の庭はシェードガーデンと呼ばれ、
落ち着いた雰囲気を演出できます。
葉色の明るい植物や雑貨を効果的に使いましょう。

日陰の環境を好む植物や趣のある素材を組み合わせて

日あたりのよい場所でないと植物は育たないと思われがちですが、強い日差しや、暑さが苦手な植物であれば、むしろ日陰や半日陰のほうがよく育ちます。

明るい空間とはひと味違う、しっとりした趣のある庭をつくりましょう。使用する木材や石などの質感、植物の形状やカラーにこだわって、日陰だからこそ映える植物で庭を構成します。中には、じめじめしたり、逆に乾燥しやすい場所があるので、土づくりと水はけに注意するとよいでしょう。

エレガントなカラーリーフでいっぱいに
大野邸

つぼ型のコンテナと化粧砂利で明るい印象に。レンガの目《め》地《じ》を際立たせた日陰とは思えない素敵なコーナーです。カラーリーフがエレガントな雰囲気を演出しています。

POINT

日陰の原因とタイプを知って最適な植物を選ぶのがポイント

ひと言で日陰といっても、さまざまなタイプがあります。1日中うす暗い場所もあれば、数時間は日があたる場所も。光の入り方を観察して植栽を選びましょう。

原因	対策
壁	1日の中で日陰になる時間帯と日なたになる時間帯がある場所は、日差しがなくても育つ耐陰性の植物を植えます。
隣家の建物	隣家の建物が迫っている狭いスペースは、1日中日陰でひんやりしているため、葉の質感を楽しむ植物が向いています。
常緑樹	常緑樹の近くは半日陰で暗くなりがちです。斑《ふ》入《い》りの植物や白、黄色い花が咲く宿根《しゅっこん》草《そう》を選ぶと空間が明るくなります。
落葉樹	落葉樹の下は木漏れ日が差す明るい半日陰。暑さに弱い植物や雑木林で自生できる山野草、強い日差しが苦手な斑入り植物を。

緑のグラデーションが美しい静かな空間

前田邸

カラーリーフや斑入り植物を組み合わせた半日陰の植栽。小道の目地のグラウンドカバーが癒しの空間にひと役買っています。

色使い＆高低差をつけるのがコツ

日陰を生かした植栽の演出例

1 雑木の足元は、半日陰でよく育つ赤いガーデンシクラメンをポイントに。落ち着いた雰囲気の植栽スペースに、原色をひとつ効かせるのも素敵なアイデアです。

2 グラウンドカバーのベビーティアーズが、レンガの間を埋めて足元から空間を明るくします。しっとり落ち着いた植物の愛らしさが感じられます。

3 ブルーの物置と白いパーゴラが目を引きます。雑貨を飾って植栽に明るさをプラス。斑入り、ライム色、銀葉のカラーリーフの色彩が映えます。

3 構造物の色をアクセントに

佐藤邸

2 目地のグリーンが足元を明るく

岸邸

1 原色の赤い花がフォーカルポイント

I邸

小さな庭の植物カタログ

日陰スペースにおすすめの植物

日陰でよく育つ樹木 BEST3

□カメリア エリナ

半日かげ

【ツバキ科／常緑性・低木】

■植えつけ時期　4～5月

■花の色　白　■樹高　1.8～2m

花期	1	2	3	4	5	6	7	8	9	10	11	12

ほんのり赤みを帯びた白い小さな花が、うつむき加減に咲く姿は優美で可憐。ツバキ類のため、花はよく見るとツバキのような形をしている。若木のうちから花つきがよく、耐寒性が強く、半日陰や日陰でも育つ。虫もつきにくい。

12月からつける蕾《つぼみ》がかわいく
長い間楽しめます

□ハイノキ

日かげ　半日かげ

【ハイノキ科／常緑性・低木】

■植えつけ時期　4～5月

■花の色　白　■樹高　3～4m

花期	1	2	3	4	5	6	7	8	9	10	11	12

先端が尖った葉が特徴的な常緑樹。4月から初夏にかけて可憐な白い花を樹冠《じゅかん》いっぱいに咲かせ、夏から秋にかけて黒紫色の実をつける。成長が緩やかで大きくなりにくいため、狭い庭でも管理しやすい。ほぼ日陰のほうが育ちやすい。

春になると繊細で
かわいらしい花をつけますよ

□ソヨゴ

日かげ　半日かげ

【モチノキ科／常緑性・高木】

■植えつけ時期　4～5月

■花の色　白　■樹高　10m

花期	1	2	3	4	5	6	7	8	9	10	11	12

美しい緑色の葉で、葉の周囲は少し波打ち、風に揺れると周囲の葉とこすれ、名前の通りそよそよと独特の音を立てる。5～6月に小さな白い花をつけ、秋には愛らしい赤い実がつく。雌雄異株なので、果実がつくのは雌株のみ。

自然に樹形が
整いやすいのが魅力です

日陰を明るく見せる植物

ピンクと白の斑《ふ》入《い》り葉の
品種もあります

□斑入りイワミツバ

半日かげ

【セリ科／多年草、宿根草】

■植えつけ時期　3～5月、10月

■花の色　白　■草丈　30～80cm

花期	1	2	3	4	5	6	7	8	9	10	11	12

葉は明るい緑色で、クリーム色の斑が爽やかな印象。初夏にセリに似た花が咲く。乾燥すると葉が変色するため、土が乾いたらたっぷりと水を与える。

ブルーやライム色など
の明るい葉が素敵！

□ホスタ

日かげ

【キジカクシ科／多年草・宿根草】

■植えつけ時期　2～3月

■花の色　白、紫　■草丈　15～200cm

花期	1	2	3	4	5	6	7	8	9	10	11	12

品種によって葉の色や形が、変化に富みサイズも実にさまざまな、日陰の庭には欠かせないカラーリーフ。葉の質感が美しい。

霜降りの葉が日陰を
明るくしてくれます

□斑入りヤツデ 紬絞り

半日かげ

【ウコギ科／常緑性・低木】

■植えつけ時期　5～6月

■花の色　白　■樹高　2～3m

花期	1	2	3	4	5	6	7	8	9	10	11	12

霜降り状に斑《ふ》が入った大きな葉が特徴的。円錐状に咲く白い花は、花が少なくなる冬の庭でひと際存在感を放つ。強い西日を避けて植えるとよい。

過湿に強い植物

梅雨でも元気なふわふわの花が印象的です

□ アスチルベ

半日かげ

【ユキノシタ科／多年草・宿根草】

■**植えつけ時期**　3～4月、10～11月

■**花の色**　ピンク、赤、白　■**草丈**　20～80cm

花期	1	2	3	4	**5**	**6**	**7**	8	9	10	11	12

ほうき状に広がる、繊細な花姿が魅力。葉も美しく、ライム葉や銅葉など見栄えのする品種もある。水切れしないように水やりに気をつける。

花期が長く、バリエーションも豊かです

□ インパチェンス

半日かげ　日なた

【ツリフネソウ科／一年草】

■**植えつけ時期**　5～7月　■**花の色**　白、赤、ピンク、オレンジ　■**草丈**　15～40cm

花期	1	2	3	4	**5**	**6**	**7**	**8**	**9**	**10**	**11**	12

ひと重から半八重、八重咲きまで花の咲き方も花色も豊富で、株いっぱいに咲く姿は華やか。北向きの玄関など半日陰でも美しく育つのも大きな魅力。

梅雨の時期を華やかに彩ります

□ アジサイ

半日かげ　日なた

【アジサイ科／落葉性・低木】

■**植えつけ時期**　1～3月、12月

■**花の色**　青、紫、ピンク　■**樹高**　2m

花期	1	2	3	4	5	**6**	**7**	**8**	**9**	10	11	12

梅雨の時期の代表的な花。一般的な手まり型のアジサイは、ガクアジサイなどを改良して生まれたもの。さまざまな花色が楽しめる。湿り気のある土を好む。

日陰で輝く花

葉に浮き出す網目模様がアクセントに

□ ブルンネラ

半日かげ

【ムラサキ科／多年草・宿根草】

■**植えつけ時期**　3～5月、9～11月

■**花の色**　青、白　■**草丈**　30～40cm

花期	1	2	3	**4**	**5**	6	7	8	9	10	11	12

株を覆うようにふんわりと青い小花が群れ咲く様子が爽やか。葉は丸みのあるスペード形でこんもりと茂り、斑入りや銀葉などの品種もある。

ユリの女王ならではの存在感です

□ カサブランカ

半日かげ

【ユリ科／多年草・球根】

■**植えつけ時期**　10～11月

■**花の色**　白、ピンク　■**草丈**　50～200cm

花期	1	2	3	4	**5**	**6**	7	8	9	10	11	12

オランダで作出されて一世を風靡したオリエンタル系の銘花。純白で華麗な大輪花を咲かせる。耐寒性が強く、水はけのよい土でよく育つ。

凛とした立ち姿が美しい花です

□ カラー

半日かげ

【サトイモ科／多年草・球根】

■**植えつけ時期**　4～5月

■**花の色**　白、ピンク　■**草丈**　20～100cm

花期	1	2	3	4	5	**6**	**7**	8	9	10	11	12

梅雨にモダンな形の清楚な花を咲かせる。切り花として飾るのもおすすめ。春から開花期にかけては、土が乾いたらたっぷり水やりを。

雑草を生えにくくするグラウンドカバー

丈夫でに育ちどんどん広がります

□ リシマキア ヌンムラリア オーレア

半日かげ　日なた

【サクラソウ科／多年草・宿根草】

■**植えつけ時期**　3～5月、10～11月

■**花の色**　黄　■**草丈**　5～100cm

花期	1	2	3	**4**	**5**	**6**	**7**	**8**	9	10	11	12

小さな黄金葉が愛らしい植物。茎は時々分枝しながら地面をはうように四方に広がる。湿り気のある土を好む。夏は蒸れやすいので風通しよく。

かわいくてやわらかい葉が広がります

□ ベビーティアーズ

半日かげ　日なた

【イラクサ科／多年草】

■**植えつけ時期**　4～6月

■**花の色**　白　■**草丈**　5cm

花期	1	2	3	4	5	**6**	**7**	8	9	10	11	12

細い茎が地面をはうように伸び、2～3mmほどのごく小さな葉が密生する。初夏につける白い花は「世界一小さい花」と形容されるほど小さい。

強い生命力を感じる丈夫な花です

□ クリスマスローズ

半日かげ

【キンポウゲ科／多年草】

■**植えつけ時期**　1～3月、10～12月　■**花の色**　白、ピンク、緑、黒、複色　■**草丈**　10～50cm

花期	**1**	**2**	**3**	4	5	6	7	8	9	10	11	**12**

「冬の貴婦人」という愛称で呼ばれ、寒い冬枯れのシーズンに楽しめる花。暑さにも強く、育てやすい。梅雨どきや秋の長雨にはあてないように注意。

小さな庭はD.I.Y.でどこまでできる？

小道や花壇、フェンスなど、小さな庭を飾るアイテムは
どこまで自分でつくれるのか？ 庭のプランができたら、
どの部分を手づくりし、また、プロの力をかりるのかを考えましょう。

庭の要素別アドバイス

小道	レンガや方形石《ほうけいせき》を並べたり、枕木や飛び石を配置するなら初心者でもできるでしょう。モルタルで固めたり、しっかりとした整地が必要な場合はプロに相談しましょう。
花壇	植栽スペースを設けるだけで草花は引き立ちます。レンガや石を立てて地面にさすだけでもOK。高さのある花壇でもレンガを固定しなければ手軽にできます(82ページ)。
フェンス	深く穴を掘り、垂直に柱を立ててモルタルで固定する作業はかなりの技術が必要です。既存のフェンスに棚やフックをつける作業は、電動ドリルがあればあっという間にできます。
ウッドデッキ	人工木の組み立て式のタイプや小さなデッキなら自作も可能です。ホームセンターでは、木材を切ってもらうこともできるので、相談してみるのもいいでしょう。
アーチ・パーゴラ	深く穴を掘り、垂直に柱を立ててモルタルで固定する作業はかなりの技術が必要です。大きな構造物は倒壊の危険もあるので、プロに相談するのが安心です。

予算と手間を考えて最適なバランスを見つけよう

最近では、ホームセンターやウェブショップで、庭づくりの多様な資材や組み立て式セットが手に入るようになり、手づくりの敷居も低くなりました。ただ、設置するに技術が必要なものもあるので、大きなものはプロに頼み、植栽や小さな設置物は自作するなど、バランスをとりながら完成を目指すのがおすすめです。

プロに依頼する予算の目安は110ページをご覧くださいね

庭づくりのD.I.Y.難易度の目安

むずかしい ⟷ かんたん

その他の構造物　花壇　小道　高木を植える　低木を植える　草花の植栽　寄せ植え、ハンギング　雑貨を飾る

LESSON 3

植物ローテーションで
四季を楽しむ花壇づくり

小さな庭をつくる楽しみは何といっても
庭の植物から四季の恵みを感じること。
草花を身近に親しむのにおすすめの「花壇」と
「植物ローテーション」のコツをしっかりと伝授します。

日あたり＆風通しがよくなる
高さのある花壇・レイズドベッド
関根邸

コッツウォルズストーンを重ねて、雰囲気のあるレイズドベッドをつくりました。水をよく吸収する石なので時と共に苔むして、草花と調和します。植栽は黄色い新芽が素敵なカシワバアジサイリトルハニーを中心に。

1年中草花を愛でるなら

花壇がいちばん！

花壇は、空間が限られた小さな庭づくりに欠かせない存在。植物が育ちやすく、庭のフォーカルポイントになってメリハリをつけてくれるとともに、草花をイキイキと見せてくれます。

草花の手入れがしやすく 小さな庭にまとまりが生まれる

草花を身近に親しむスペース、それが花壇です。おすすめはレイズドベッドと呼ばれる少し高さをつけた花壇（写真上）。地植えよりもたった10㎝ほど高くするだけで、水はけや日あたり、風通しもよくなります。

もう少し高さをつければ、草花の美しさを目線に近い高さで楽しむことができます。加えて、腰を低く屈めなくてもよくなるので、水やりや花がら摘みなど日常のお手入れが手軽にできるのもメリットです。

素材や形は、庭のスタイルに合わせてデザインするとよいでしょう。

地面に敷き詰めたレンガを部分的に抜いて円形の花壇に。どの方向からも見られる四方《しほう》見《み》の花壇は中心を高く、外側に低い草花を選ぶとバランスがとれます。また、中心部分は手が届きにくいので、手入れのいらない多年草に、花がら摘みなど手のかかる一年草の季節の花は、縁寄りに植えるのもコツです。

奥行き90cm、高さ30cmほどの花壇。奥に高さのある植物を植え、手前に向かって低くなるように。さらに花壇のすそにもカラーリーフやグラウンドカバーを入れ、花壇と地面を自然につないでいます。ナチュラル感を演出する花壇テクニックのひとつ。

Close up !

花壇のデザイン、素材は
スペースとムードに合わせて

レイズドベッドはメンテナンスもラクラク

二段重ねの個性派花壇

壁際20cmの花壇

玄関前のさりげない草花スペース

美容院の窓際に

1 壁際に仕切りだけでつくった幅20cmほどの花壇。シュラブローズの間からビオラやキンギョソウが顔を出す、道路からも愛らしさが伝わる植栽になりました。2 大きめの板石で構成した直線的な花壇。カラーリーフとやさしい表情の草花の植栽でフォーマル感をやわらげました。3 大小のレンガの花壇を二重に重ねた、目を引くデザインです。植栽はカラーリーフと白い花でシックにまとめています。4 高さ70cmのレイズドベッドは、リビングから揺れる花姿が見られます。5 仕切りが際立って草花が映えるレンガを縦にさした花壇。

“日なたの花壇”の春夏秋冬
花いっぱいの1年をかなえるコツ

日あたりのよい場所には、花つきのよい植物が育ちます。手間をかけずに1年中美しい花壇をつくるにはどうすればいいのか？ 同じ花壇での季節の移ろいを追ってみましょう。

多年草と一年草のバランスがカギ 最小限の手間で花いっぱいの花壇が

花を絶やしたくないからと、季節ごとに植え替えていたら、花壇の世話に追われてしまいます。長く花壇を楽しむには、手入れの手間と見栄えのバランスを考えて、植える植物を決めるのが大切です。

具体的には、花は少し地味だけれど一度植えたらそのまま数年は楽しめる多年草を7～8割、1年で終わるけれど華やかで季節を感じられる一年草を3～2割の割合で組み合わせるのがポイントです。

花壇の見所の季節はやはり、多くの植物が花をつける春先。思い立ったらいつでもはじめられる花壇ですが、春先に充実させるなら、晩秋に準備することを心がけましょう。

草花を1年中楽しむためのポイント

1. **花壇のベースは、1年中植えっぱなしでOKの多年草を選びます。**
2. **背の高い植物、形の違う植物など多様な草花を組み合わせます。**
3. **色合わせは、同系色のグラデーションだとまとめやすいでしょう。**

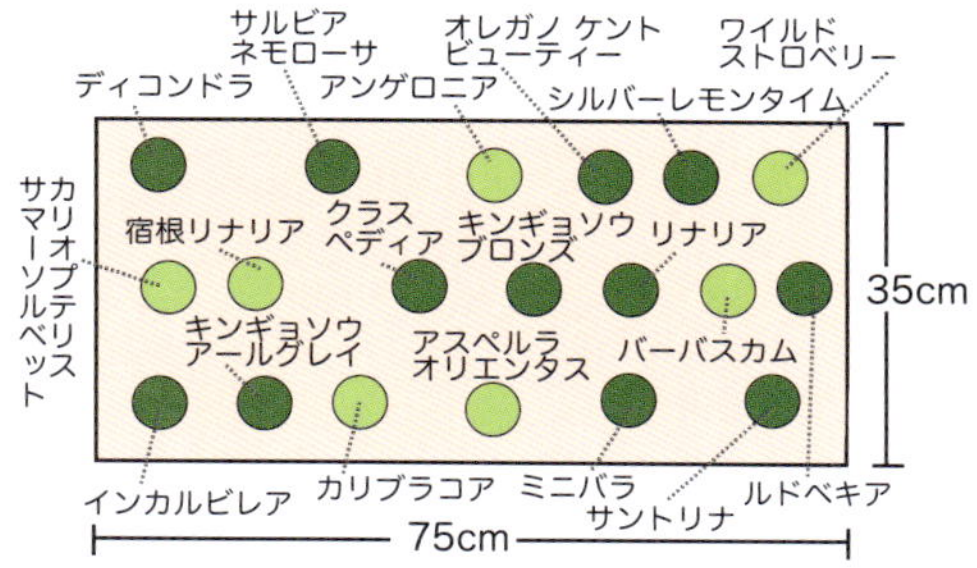

※●は多年草、●は一年草です。

植栽図

前後左右どこから見ても形になる四《し》方《ほう》見《み》の四角い花壇です。中央に背が高めの植物を並べ植えてから、まわりを埋めるように植物を配置します(83ページ)。横に広がるような植物のまわりは少しスペースをあけるようにするのがポイント。

植えたて

花壇というと同じ種類の花を並べるイメージを持っていませんか。ナチュラルな花壇を育てるには、できるだけ多様な草花を組み合わせて、同じ色、形の葉は避けて変化させましょう。

春から初夏にかけては
色どり豊かな花から爽やかな緑への変化を愛でて

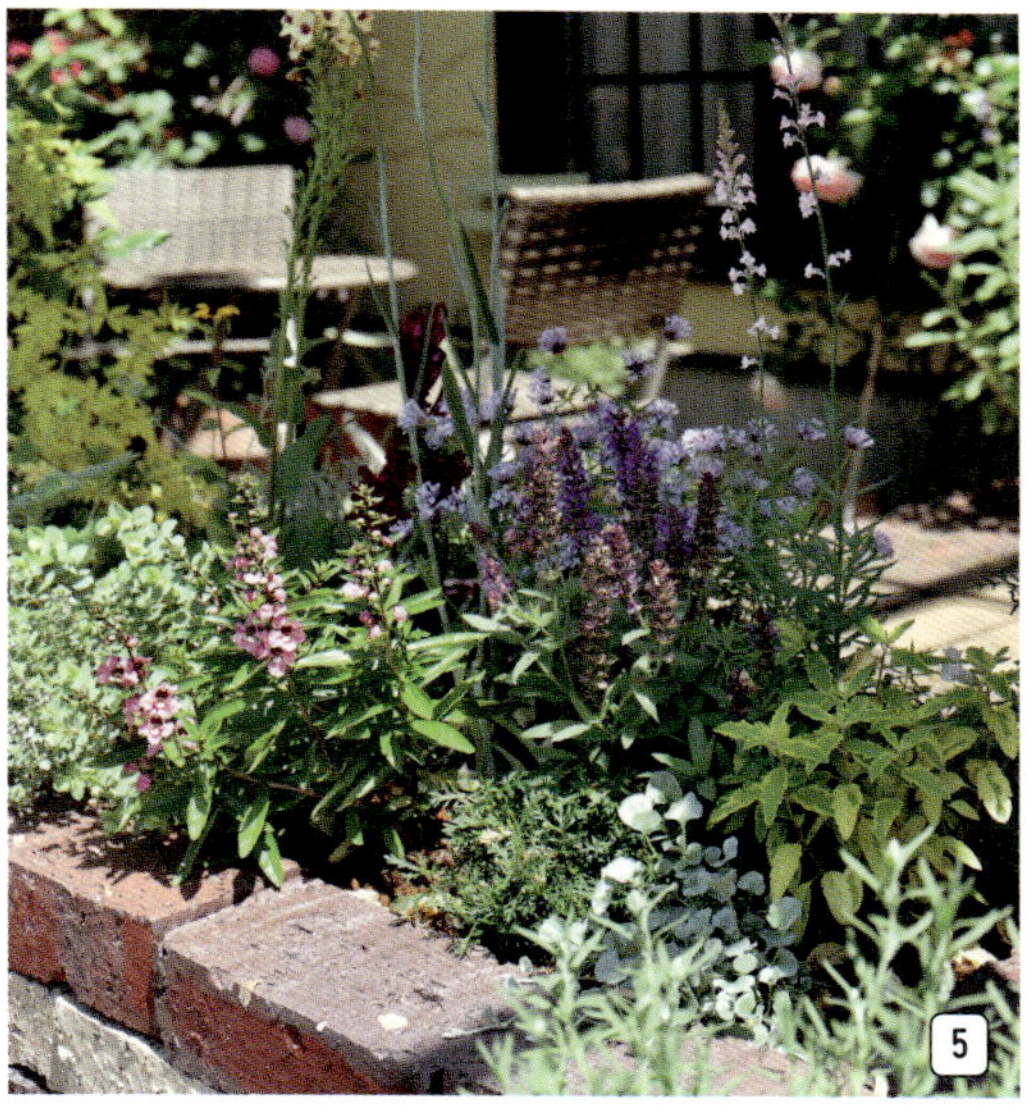

1 ハーブ類はよく育つので、花壇にボリュームを出したいときに。2 斑《ふ》入《い》りの葉やカラーリーフを混ぜると花壇にメリハリが出ます。3 可憐なミニバラも花つきがよく大きくなりすぎないので、ぴったりです。4 背の高い植物は風に揺れる花姿も見どころ。5 花壇を反対側から見たところ。縦に伸びる植物でスッキリ見えます。

植えて70日後

春から初夏にかけて、草花はぐんぐん生長します。アスペルラ オリエンタスや宿根リナリアの花期が終わっても、インカルビレアやミニバラの花は残っています。

春の日なたの花壇

- 2〜3月には秋に植えたパンジーやビオラが大きく育ち、4月のチューリップなどの球根植物の開花を経て、5月には宿根リナリアなど背が高めの多年草や、一年草が花をつけます。
- 春の植物たちは生長するためにも水を欲しがります。土の表面が乾いたらたっぷり水をやりましょう。

日なたの花壇で 夏

横から見た花壇。春からのルドベキアやアンゲロニアが大きく育ちました。

夏の日なたの花壇

- 夏にはエキゾチックな花や、強い日差しに負けないビビッドな花色の植物を入れても素敵。
- 暑さと湿気で、植物にとってももっともつらい夏。できれば梅雨の前に、茂りすぎたり伸びすぎた枝は切り戻し、夏の蒸れを予防して！
- 春から秋にかけて咲く花期の長い植物には、2週間に1回程度、液肥などで追肥を。

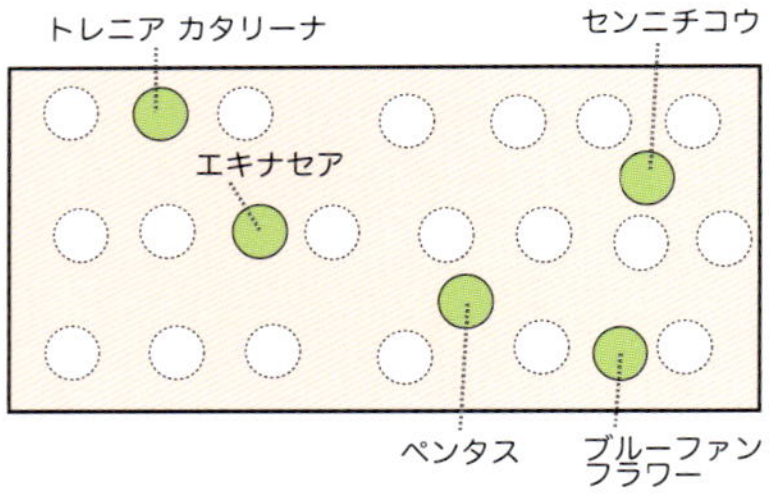

※◯は前の季節からある草花、●は一年草です。

植栽図

ルドベキアが花期を迎え、春から育った草花を切り戻してできたスペースに、エキナセアやセンニチコウなど秋まで咲いてくれる花を追加。

POINT

植え替えタイミングでメンテナンスすると楽チン

日なたの花壇での草花の生長スピードは驚くほどです。季節が切り替わる頃を目安に切り戻し（123ページ）を行い、できたスペースにその季節の苗を入れるのがよいでしょう。切り戻しは、生い茂った枝を持ちあげて内側から、思い切って切るのがコツ。

切り戻した枝がドッサリ！

切り戻し前

切り戻し後

背が高くなった茎は、支柱で支えましょう。また、切り戻しは、草花がより生長し、新たな花をたくさんつけるためのもの。思い切ってカットしてOK！ ただし、根元に出ている新芽は残すようにするのが枯らさないコツ。

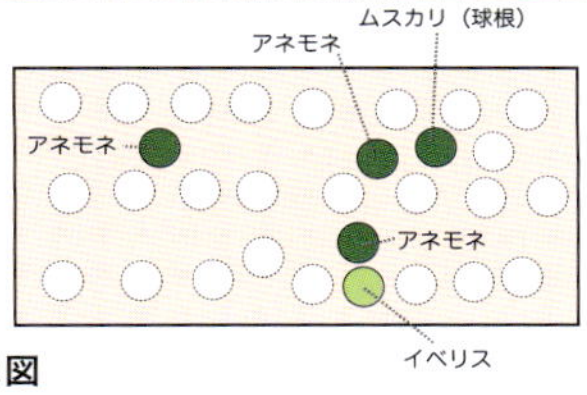

※◌は前の季節からある草花、
●は多年草、●は一年草です。

植栽図

夏に植えた一年草のペンタスをとり除き、華やかなアネモネを3か所に植えつけました。寒い冬の間白い花を咲かせ続けるイベリスに加えて、春先に花をつけるムスカリの芽出し球根も植えています。ムスカリは早く植えすぎると、葉が伸びすぎて見栄えが悪くなるので、12月末頃に植えるのがおすすめ。

[3] 大きな株に育ち枯れたペンタスを思い切って抜いて。[4] 宿根リナリアやオレガノ ケントビューティーなど春に植えた多年草は、冬芽が出ているのを確認して切り戻します。[5] 反対側から見た花壇。

冬の日なたの花壇

- 初冬から2月頃にかけては、多くの植物が休眠状態に入るので、生長もごくゆっくり。枯れる恐れがあるので、切り戻しは避けるのが安心です。
- パンジーやアネモネなど冬咲きの花には追肥を。
- 冬は春から夏ほどの水やりは不要です。秋から少しずつ水やりの間隔をのばして、冬越しに備えましょう。

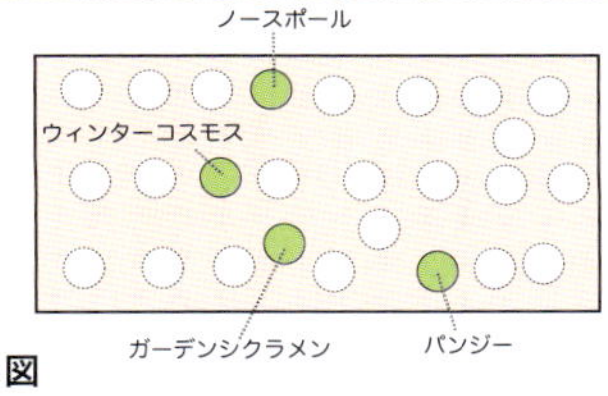

※◌は前の季節からある草花、
●は一年草です。

植栽図

枯れた一年草などを根も含めてとり除き、伸びた枝は切り戻ししてから、あいたところに冬の間咲き続けるノースポールやウィンターコスモス、春まで株を育てたいパンジーの苗等を入れました。

[1] ふつうのシクラメンより小ぶりで、小さな花壇になじむガーデンシクラメン。秋に植えてから春先まで楽しめます。 [2] 日なたの花壇なら翌年まで咲き続けるウィンターコスモス。

秋の日なたの花壇

- 残暑が過ぎゆき、花壇も落ち着きを取り戻します。枯れた一年草は抜き、茎が枯れた多年草は根を残して片づけましょう。
- 花壇のサイクルを年単位で考えると、そのサイクルが終わるのが11月頃です。本格的な寒さが来る前に、冬越しの準備、翌年の春へ向けての準備をはじめて。

小さな庭の植物カタログ

日なたの花壇に植えた主な草花（P.72～75）

花壇に立体感が出る草花

□クラスペディア ゴールドスティック

日なた

【キク科／一年草、多年草】

■植えつけ時期　10～3月

■花の色　黄　■草丈　60～100cm

花期	1	2	3	4	5	6	7	8	9	10	11	12
					5	**6**	**7**					

まっすぐ伸びた花茎の先にピンポン玉大の明るい黄色の花をつける。見た目にも珍しく、鮮やかな花は切り花やドライフラワーにしても。日照不足になると花つきが悪くなる。乾燥を好む日なたに最適の植物。

水はけをよい場所で
育てると毎年咲きます

□ルドベキア タカオ

日なた

【キク科／多年草・宿根草】

■植えつけ時期　4～5月

■花の色　黄　■草丈　40～150cm

花期	1	2	3	4	5	6	7	8	9	10	11	12
							7	**8**	**9**	**10**		

最盛期には鮮やかな黄色の小花を、株を覆うように咲かせる生育旺盛な花。草丈が高めなものの、切り戻すと背丈を低く咲かせることができる。水はけのよい場所で育てる。水はけの悪い場所では、土に腐葉土を混ぜるとよい。

毎年夏に明るい花を
元気に咲かせてくれます

□キンギョソウ アールグレイ

日なた

【ゴマノハグサ科／多年草】

■植えつけ時期　3～5月、9～11月

■花の色　白　■草丈　10～15cm

花期	1	2	3	4	5	6	7	8	9	10	11	12
				4	**5**	**6**						

春から夏に甘い香りを漂わせる、金魚を連想させる愛嬌のあるふっくらとした白い花を咲かせる。エレガントな印象のシルバーリーフは、この品種ならでは。寒さに強く、−10℃まで耐えられる。多湿に弱いため乾燥気味に育てるとよい。

切り戻すことで株が大きくなり、
花数が増えます

花壇が華やぐ花

□バーバスカム

半日かげ　日なた

【ゴマノハグサ科／多年草、二年草】

■植えつけ時期　3～5月、9～11月　■花の色

紫、ピンク、オレンジ、黄、白　■草丈 10～200cm

花期	1	2	3	4	5	6	7	8	9	10	11	12
						6	**7**					

穂状の形状で下から徐々に開花し、上の花が咲き終わるまでに長い期間がかかるので、一輪を長く楽しむことができる。品種によっては、銀白色の厚みのある葉が美しいものもある。高温多湿の蒸れに弱いので、水はけと風通しをよくして育てて。

種から育てる
ことができます

□アスペルラ オリエンタリス

日なた　半日かげ

【アカネ科／一年草、二年草】

■植えつけ時期　3～4月、9～10月

■花の色　青紫　■草丈　25～30cm

花期	1	2	3	4	5	6	7	8	9	10	11	12
					5	**6**	**7**		**9**	**10**		

花茎の頂点に青紫色の筒状の花を密集して咲かせる。放射状に広がる細長い葉が特徴的。高温多湿に弱いため、水はけのよい環境で育て、花がら摘みをまめに行うと花を長く楽しめる。花がら摘みは、変色した花を引き抜くようにしてとり除く。

かわいらしい花姿が人気で、
春に加えたいお花です

□サルビア ネモローサ

日なた

【シソ科／多年草・宿根草】

■植えつけ時期　4～5月、9～10月

■花の色　青紫、ピンク、白　■草丈　20～200cm

花期	1	2	3	4	5	6	7	8	9	10	11	12
					5	**6**	**7**					

濃い黒紫の茎で、初夏から秋に長い穂を出し、青紫の小花を多数咲かせる。花数が多く、宿根性のサルビアの中でも花が美しい種類とされている。密集させて咲かせるとひと際存在感を放つ。花期も長く、丈夫で育てやすい。

宿根草の人気者。
秋にはしっかり切り戻しましょう

花壇を埋める草花

□オレガノ ケントビューティー

日なた　半日かげ

【シソ科／多年草】

■植えつけ時期　3～4月、9～10月

■花の色　ピンク　■草丈 10～40cm

花期	1	2	3	4	**5**	**6**	**7**	8	**9**	**10**	**11**	12

ピンクがかった薄緑色の苞《ほう》の中から、ピンク色の愛らしい花をのぞかせる多年草。日陰に置くと、苞がピンク色に色づかず、緑色になる。冬に地上部が枯れても、根が凍らないかぎり、春に新芽が出る。土が凍る場合には軒下で管理を。真夏は半日陰へ。

冬を越して、毎年かわいらしい花を咲かせます

花壇で長く花を楽しめる草花

□アンゲロニア

半日かげ　日なた

【オオバコ科／一年草】

■植えつけ時期　5～7月　■花の色　白、ピンク、紫、青、複色　■草丈　30～100cm

花期	1	2	3	4	5	**6**	**7**	**8**	**9**	**10**	11	12

茎の上部、葉のつけ根に次々と蕾《つぼみ》をつけ、初夏から秋にかけて穂状に花を咲かせる。品種によって草丈が異なるので、植える場所に合わせて選べば立体感を出すことができる。花を長期間咲かせるには、肥料切れと乾燥に注意すること。

花期が長く、初夏から秋まで楽しめます

□サントリナ

日なた

【キク科／常緑性・低木】

■植えつけ時期　3～6月、9～11月

■花の色　黄、淡黄　■樹高　0.3～0.6m

花期	1	2	3	4	5	**6**	**7**	8	9	10	11	12

細かく枝分かれしてこんもりと茂った銀色の細長い葉がサンゴのように見える。初夏には丸い頭花が集まって咲く。高温多湿に弱いため、日あたりと水はけのよい場所で育てる。耐寒性が強く、－15℃になる寒地でも冬越しできる。

防虫効果があり、ほかの植物の虫よけにもなります

□ペンタス

日なた

【アカネ科／一年草】

■植えつけ時期　5～6月　■花の色　白、赤、ピンク、紫　■樹高　0.3～1.5m

花期	1	2	3	4	**5**	**6**	**7**	**8**	**9**	**10**	11	12

小花がこんもりと咲くかわいらしい花姿が、春から秋まで長い期間花壇を彩る。暑さには強いものの、蒸れに弱いので、日あたりがよい風通しのよい場所で育てるのがおすすめ。本来低木だが、小さく改良されたものが多く、八重咲きタイプや大きく育つ品種もある。

斑《ふ》入《い》りの葉がおすすめです

季節を彩る素敵な花

□アネモネ

寒さに強い、キンポウゲ科の多年草。晩秋～初冬にかけて花苗を植えると、春先まで冬の花壇を彩る花として重宝する。

□ノースポール

かわいらしい小キク。秋に植えつけたら、冬を越して5月頃まで花をつける。株が育った春先に切り戻しを。

□エキナセア

夏の花壇で存在感を発揮する。中心部分が盛り上がった花姿も個性的。詳細は52ページを参照。

□センニチコウ

ポンポンのような形の花(正しくは苞《ほう》)が、夏の間花壇を彩る。一年草として楽しむのが一般的。

*「ガーデンシクラメン」は41ページ、「アジュガ」は53ページ、「宿根リナリア」は52ページ、「ディコンドラ」は53ページ、「ワイルドストロベリー」は63ページでそれぞれ紹介しています。

カラーリーフや
白い花が
おすすめ

“日陰の花壇”の春夏秋冬
シックに魅せる植物選びのコツ

日照の少ない日陰でも素敵な花壇がつくれます。日なたが花いっぱいの元気な花壇だとしたら、日陰はムードたっぷりの大人の花壇です。

春の日陰の花壇

- アストランティア、シャガなどが花期を迎え、清楚な花が花壇で揺れます。
- 白い斑入りやライム色の葉、小さくても白い花が光が少ない花壇を明るくしてくれます。
- 日あたりを少しでも増やすため、苗を植える間隔は日なたの花壇よりも広めにとりましょう。

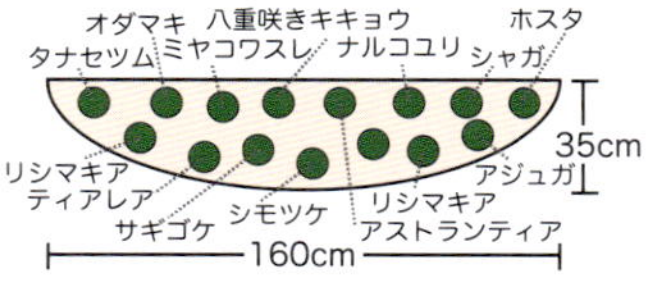

植栽図

壁面を背景にした三方《さんぼう》見《み》の花壇。日陰なので、日あたりと風通しを少しでも確保するために、高さをつけたレイズドベッドの花壇にしました。

※●は多年草、●は一年草、○は前の季節からある草花です。

日照条件に合った植物選びで
手間をかけずにシックな庭を実現

日あたりのよし悪しで、草花の生長や花つきは左右されます。ただ、日あたりの悪い庭や1日に数時間しか日があたらない半日陰の場所でも、植物をきちんと選べば、落ち着いたムードのすてきな花壇が実現できます。

例えば、葉の色や形に個性が宿るリーフプランツは、日照をそれほど必要としない多年草が多数そろいます。日なたの花壇のように花いっぱいという訳にはいきませんが、日陰は植物の生長がゆっくりなぶん、手間がかからずビギナーにはおすすめです。

夏の日陰の花壇

- 日陰は、周囲が囲まれて風通しも悪い場所が多いものです。枝が茂るシモツケやタナセツム、オダマキは高温多湿になる梅雨前に、内側の枝を中心に切り戻しを行い、風通しを確保しましょう。
- 花壇の縁に緑がかかり、垂れるリシマキアやシモツケは日陰の花壇のムードを盛り上げます。

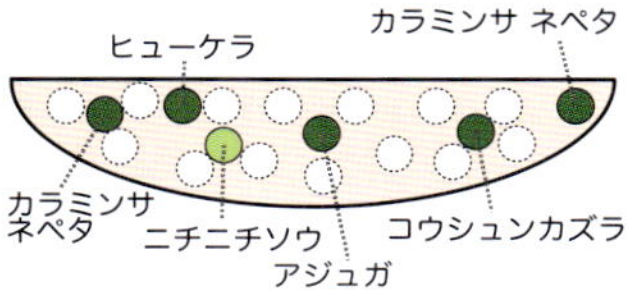

植栽図

切り戻しをしてできたスペースに、ニチニチソウ、カラミンサ、コウシュンカズラを入れました。

秋の日陰の花壇

- 日なたの庭と異なり、翌年の春に向けての準備などはほとんど必要ありません。
- 枯れた一年草は抜き、茎が枯れた多年草は根を残して片づけましょう。
- 株が大きくなった多年草（ここではシャガ）は、株分け（P.127）をし、小さくした株を戻します。

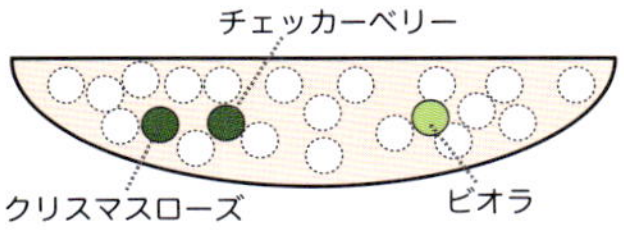

植栽図

切り戻しをしてできたスペースに、寒さに強く、冬の彩りにもなるチェッカーベリーやクリスマスローズ、ビオラを入れました。

冬の日陰の花壇

- 四季を通じてリーフプランツ中心の花壇なので、日なたの花壇と異なり、冬の間もそれほど様子は変わりませんが、地上部が枯れるタイプのリーフもあります。
- 冬芽も株元で成長してきます。クリスマスローズの蕾《つぼみ》も徐々に膨らみ開花を待つばかり。

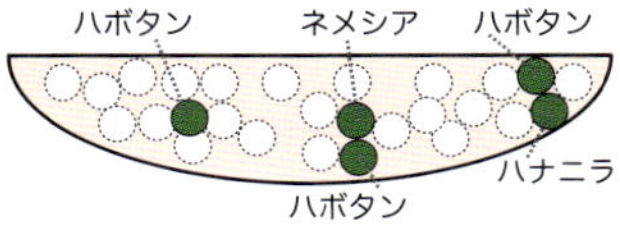

植栽図

寂しげな場所に3か所ハボタンを植え、丈夫なハナニラ、そして、花を咲かせ続けるので冬に重宝する、ネメシアを加えました。

小さな庭の植物カタログ

日陰の花壇に植えた主な草花（P.78～79）

花も葉も日陰向きの草花

□ シャガ

半日かげ

【アヤメ科／多年草】

■**植えつけ時期**　3月、6月、9月

■**花の色**　白、青　■**草丈**　30～50cm

花期	1	2	3	**4**	**5**	6	7	8	9	10	11	12

光沢のある細長い葉を斜め上に向かって伸ばし、春に白地に青い斑点が入る花を多数咲かせる。長い地下茎を伸ばし、その先に芽をつくって増えるため、株が増えやすい。育ちすぎたら株分けをするのがおすすめ。

たくさん増えるので
株分けして少なくします

切り花にもおすすめの草花

□ アストランティア

半日かげ

【セリ科／多年草・宿根草】

■**植えつけ時期**　3～4月、10～11月

■**花の色**　白、ピンク、赤　■**草丈**　40～80cm

花期	1	2	3	4	**5**	**6**	**7**	8	9	10	11	12

中心に小花が多数集まり、半球状に盛り上がるように群れて咲く。ふんわりとした優しい雰囲気の花姿が人気で、フラワーアレンジにもよく使われる。冷涼な気候で、湿り気のある場所を好む。風通しのよい半日陰で育てる。

かわいい花はドライフラワー
にしても楽しめます

□ シモツケ ライムゴールド

半日かげ　日なた

【バラ科／落葉性・低木】

■**植えつけ時期**　2～4月、11～12月

■**花の色**　赤、白、ピンク　■**樹高**　0.5～1m

花期	1	2	3	4	**5**	**6**	7	8	9	10	11	12

初夏に小さな花を枝先にたくさんつけ、春から秋にかけては、カラーリーフとして葉色の変化が楽しめる。育てやすく大きくなりすぎないため、初心者におすすめの花木。乾燥しすぎない水はけのよい場所で育てると、旺盛に生育して花がよく咲く。

けむるように咲く
小さな花がかわいらしいです

□ ミヤコワスレ

半日かげ　日なた

【キク科／多年草】

■**植えつけ時期**　5～6月、9～10月

■**花の色**　白、ピンク、青　■**草丈**　20～30cm

花期	1	2	3	**4**	**5**	**6**	7	8	9	10	11	12

春から初夏にかけて、濃い緑色の葉と花色のコントラストが美しい花が咲く。花の後はロゼット状になって草丈は低くなる。耐寒性や耐陰性があり、日陰の庭向けの草花として人気。地植えでは水やりはほとんど必要ない。

可憐な雰囲気の花。
肥料はあえて必要としません

□ ナルコユリ

半日かげ　日なた

【ユリ科／多年草】

■**植えつけ時期**　3月、10～12月

■**花の色**　白　■**草丈**　30～60cm

花期	1	2	3	4	**5**	6	7	8	9	10	11	12

茎は弓なりにやや湾曲し、春にスズランのように下向きの花をつける。地中では太い根茎が枝分かれしながら広がり、群生させると見ごたえ抜群。乾燥に強く、地植えの場合は、水やりがほとんど必要ない。冬は地上部が枯れる。

白斑入りの葉が、
日陰の花壇を明るくします

□ 八重咲きキキョウ

半日かげ　日なた

【キキョウ科／多年草】

■**植えつけ時期**　2～3月

■**花の色**　白、ピンク、紫　■**草丈**　15～150cm

花期	1	2	3	4	5	**6**	**7**	**8**	**9**	**10**	11	12

茎が伸びて上部で分枝し、その頂部に数個の八重咲きの花をつける様子は存在感があり華やか。風船のような蕾《つぼみ》の状態もキキョウならではの魅力。水はけのよい場所に植える。耐寒性が強く、毎年咲く。

花期が長く、1輪でじゅうぶんな
存在感が出ます

日陰でもぐんぐん育つ草花

□サギゴケ

半日かげ　日なた

【ハエドクソウ科／多年草】

■**植えつけ時期**　1～2月、9月

■**花の色**　白、紫、ピンク　■**草丈**　3～10cm

花期	1	2	3	4	5	6	7	8	9	10	11	12
			3	**4**	**5**							

長いほふく枝を伸ばし、その先端に新しい株をつけ、マット状に広がる多年草。春に1.5cm前後のイワチドリに似た花をたくさん咲かせる。敷石や飛び石の間、小道の縁どりにもおすすめ。耐寒性、耐暑性ともに強い。土が乾燥したら水を与える。

春いちばんに土一面を埋めるほどに花を咲かせます

日陰の花壇を彩るリーフプランツ

□ティアレア

半日かげ

【ユキノシタ科／多年草】

■**植えつけ時期**　3～4月、9～10月

■**花の色**　ピンク、白　■**草丈**　20～30cm

花期	1	2	3	4	5	6	7	8	9	10	11	12
				4	**5**							

品種によって葉の切れ込みの深さや形、葉に入る模様がバラエティー豊か。春には長く伸ばした茎の頂部に穂状に淡い色の花を咲かせる。品種によっては秋に紅葉するため、鑑賞期が長い。水はけ、風通しのよい半日陰や明るい日陰で育てる。

カラーリーフとして年中楽しめます

□タナセツム ジャックポット

日なた　半日かげ

【キク科／多年草】

■**植えつけ時期**　3～4月、10～11月

■**花の色**　白、黄　■**草丈**　15～100cm

花期	1	2	3	4	5	6	7	8	9	10	11	12
					5	**6**	**7**					

カモミールのような花がドーム状に一面に咲きそろう多年草。香りを放つシルバーグレーの葉はカラーリーフとしても楽しめる。強健で、乾燥にも強く育てやすい。蒸れると株が弱るので、花後に3分の1くらいに切り戻す。2～3年を目安に株分けを。

夏は蒸らさないように注意しましょう

□ヒューケラ

日かげ

【ユキノシタ科／多年草】

■**植えつけ時期**　3～4月、9～11月

■**花の色**　白、赤、ピンク、緑　■**草丈**　20～80cm

花期	1	2	3	4	5	6	7	8	9	10	11	12
					5	**6**	**7**					

代表的なカラーリーフのひとつで、赤、茶、ライム、紫、オレンジ、銀葉など葉色のバラエティが豊富にそろう。葉が重なるように密に茂り、コンパクトな草姿が特徴で、春には可憐な花が群れ咲く。耐陰性があるので、日陰でも育てやすい。

葉の形や色で楽しむ植物です

季節を彩る素敵な花

□ハボタン

バラのような色とフォルムで、色の少ない冬の花壇に華やぎを与える多年草。小さな株にすると花壇にも収まりがよい。

□チェッカーベリー

寒さに強いので、冬の花壇で赤い実の彩りが重宝する。日陰でもよく育つ。低木だが、樹高は低いので花壇向き。

□コウシュンカズラ

初夏から秋にかけて鮮やかな黄色い花が咲く。熱帯の木だが、日陰でも育つ。つるが伸びたら切り戻しを。

□カラミンサ ネペタ

ふわふわとした繊細は草姿が軽やかに日陰の花壇を彩る多年草。ほんのりとミントの香りがする。

＊「ビオラ」は40ページ、「アジュガ」は53ページ、「ホスタ」は66ページ、「リシマキア」「クリスマスローズ」は67ページでそれぞれ紹介しています。

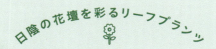

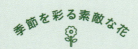

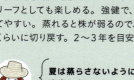

GARDEN-D.I.Y.

お手軽花壇のつくり方

家庭用の花壇なら、固定用のセメントなど、特別な資材がなくても簡単に手づくりすることができます。「ここに花壇があったらいいな」というスペースにつくってみましょう！

用意するもの

- レンガ
  ＊ここでは耐火レンガ（縦22×横10×高さ6cm）を36個
- 不織布シート
- 土（120ページ）
- マルチング材

花壇をつくる場所を決め、花壇のサイズと形に合わせて1段めのレンガを並べる。表面が土の場合は、土を平らにならす。デコボコしがちなときは川砂をまいてもよい。

レンガを1段めにならって、計3段積み重ねる。今回は、2段めは白色のレンガにしてアクセントにした。また、どの角度からも見える四方見《しほうみ》の花壇なので、長方形に囲った。

不織布シートを花壇の内側に敷く。透水性のものならばOK。水やりをしたときに土がこぼれないようにするため。

花壇に土を入れる。市販の培養土でもよい。土づくりをする場合は、120ページを参照。

花壇に植物を植える。四方見の花壇の場合は、中央に背の高い植物、花壇の縁に低めのものを入れるとバランスがよい。最初に中心になる背の高い植物を並べて植える。

苗はポットからそっとはずし、花壇の土になじむように根の部分を少しだけ、やさしくほぐす。また、根元の茶色く傷んでいる葉などはあらかじめ切っておき、風通しをよくしてから植える。

だいたいの植栽が済んだら、3 の不織布の余分な部分はカットし、はみ出している縁を花壇の内側に入れ込む。

最後に花壇全体にたっぷりと水をやる。

仕上げに土を覆う「マルチング」をするとなおよい（ここでは木製のチップ・ベラボンを使用）。土をマルチング材で覆うことで、泥や、虫が卵を産むのを防ぐ。ただし、ダンゴムシがつくこともあるので注意。

カーブをつけた花壇も素敵

レンガの積み方次第でカーブ型の花壇もつくれます。花壇の奥行と左右の幅を決めたら、中心のレンガを置き、そこから左右に少しずつ角度をつけながら並べてカーブをつけると置きやすいでしょう。

78ページの花壇は、耐火レンガ（縦23×横11×高さ6.5cm）を30個＋½サイズを4個用意し、それを4段積んで、内寸が左右160×奥行き35×高さ26cmの花壇に仕上げました。

はじめての花壇づくりQ&A

Q1 草花が元気に育つ花壇のお手入れのコツは？

草花が元気に育つお世話を！

次のお手入れを心がけると、草花が元気に育ちます。切り戻しも忘れずに。

▶水やり

水やりは、植えつけ直後の株が根づくまでの間や雨の少ないときに行えばOKです。土が乾いたら、たっぷりと水を与えましょう。

▶花がら摘み

花がたくさん咲く花壇では、花がら摘みは欠かせません(122ページ)。咲き終わった花をそのままにしておくと、病気や花つきが悪くなる原因になります。元気がなくなってきたら、摘みとってしまいましょう。

▶観察

お手入れでいちばん大切なことは、よく草花を観察することです。虫がいたらすぐに見つけてとったり、しおれていれば水やりをしたりできます。葉が黄色く変色していたら肥料切れかもしれません。そんなふうに観察していれば、何ごとも早めの対応ができて、花壇を美しく保つことができるでしょう。

▶土や肥料

最初の植えつけ時にしっかりとした土を入れるのが大切(120ページ)。そのうえで、植え替えの際にかたく締まった土は軽くほぐして、緩効性の肥料を混ぜたり、花つきがよく、花期が長い草花には、液肥の追肥を2週間に1回程度やるようにします。

Q2 植え替えの回数を最小限にしたいのですが？

5～6、10月の年2回でも季節を通して楽しめますよ！

植え替えを行ったフロントガーデンの花壇。季節の彩りは、近隣の人の目も引いています。

花期の異なる多年草を組み合わせて入れたうえで、季節感を表現するための花つきのよい一年草を、5～6月頃と10月頃に入れ替える方法をおすすめします。5～6月は、春咲き終わった一年草を、夏から秋にかけて咲く一年草に入れ替える作業を行います。10月頃からは、翌年の春に向けた球根や苗が多様に出そろいます。球根では原種のチューリップ、パンジーやビオラの苗もしっかり育って美しい春の花壇になるでしょう。

Q3 手間をかけずにセンスアップするコツは？

草花の種類と配置を工夫しましょう

四方見の花壇の中心に、いちばん背の高いクラスペディアを配置し、縁に向かって低くなる山なりのシルエット。このすき間を埋めるように植えていきます。

▶植える草花の種類について

かつては定番の花壇といえば、2～3種類の花を規則的に並べるというものでした。それだと、単調になってしまううえに、いったん花期が終わればすべて植え替える手間もかかります。自然な花姿を四季の移ろいとともに楽しめるのが、多年草と一年草を組み合わせる花壇です。寄せ植えの感覚で、いろいろな種類の植物を入れてみてください。花色も葉の形や色も異なる草花が集まる、ナチュラルで表情豊かな花壇になります。

▶草花の配置について

同じ高さで並べると、いくら植物を変えても平坦でつまらない印象の花壇になってしまいます。後ろが壁になる三方《さんぽう》見《み》の花壇なら、後ろに草丈の高い植物を入れ、花壇の手前に向かって低くなるように。縁あたりには大きく広がる植物を植えると、小さな花壇でも立体感が生まれます。また、前後左右から見る四方見の花壇の場合は、中央を高く周囲の縁に向かって低く、山なりのシルエットを意識すると上手にまとまるでしょう。

高低差をつけた配置がコツ。植え込む前にポットに入れた状態で、花壇に並べてみてバランスを確認するとよいでしょう。

草花で彩る　小さな庭の春夏秋冬

小さな庭の草花は季節の移ろいに合わせて、表情をくるくると変えていきます。
季節の恵みをより実感できるような植物を選んで、ローテーションをしましょう。

FALL 秋

落ち着いた色合いの庭で秋バラがにわかに華やぐ

気温が落ち着くと、植物の発色も花もちもよくなります。秋はワインレッドをはじめ、シックな色合いの草花が増え、こっくりとした色合わせが楽しめる季節。存在感のあるセロシア、センニチコウ、ペニセタムが秋風にたなびく姿は風情を感じます。さらには、夏を乗り越えた草花たちが再び元気をとり戻します。トウガラシ ブラックパール、ダリア、セージが花をつけ、秋バラも春よりいっそう美しく長持ちして晩秋まで咲き続けるでしょう。

SPRING 春

一気に芽吹く草花に生命力を実感する季節

早春の庭、前年の晩秋に植えておいたクリスマスローズが花咲き、原種のチューリップが蕾《つぼみ》を膨らませ、春の芽吹きを知らせます。3月頃は同じく秋に植えたビオラ、パンジーが主役。

春が進むにつれて冬を越えて生長してきた宿根草《しゅっこんそう》の草丈が高くなる宿根リナリア、オルラヤ、ニゲル、ギリアなどの植物が、徐々に風にそよぎだし、バラが咲きはじめる4～5月初旬の庭はクライマックスを迎えます！

WINTER 冬

静かに生命をはぐくむ冬時間は、春に向けた準備を

秋の草花の花期が終わる10月末から11月には、次の春に向けて球根の植えつけなどを行いましょう。春までの間少々さみしい冬の庭に色彩を与えてくれる植物も忘れずに。おすすめはネメシア、ビオラ、パンジーなど。カレンジュラも花つきよく寒さにも強くて丈夫、葉色が豊富なハボタンも真冬の庭の貴重品です。どれも霜の降りる前に植えておきましょう。寒さがいちだんと厳しくなる大寒の頃(1月)には、土に栄養を与えて、枯れた宿根草の葉や茎はあえてそのままで、寒さから株を守るようにします。

SUMMER 夏

梅雨までに夏越しの準備をしっかりと

5月末には、花期の終わったビオラ、パンジーを、秋まで花が楽しめる花期の長い植物に植え替えます。暑くなる前にしっかりと根を張らすこと。主役はルドベキア、ガイラルディア、ペンタス、トウガラシです。高温多湿に強い葉物のレックスベゴニア、カラジュームなど、花が少なくなる真夏はカラーリーフで華やぎを補います。庭の植物はジャングルのように旺盛に生長するので、様子を見ながら何回か切り戻しをし、整然とした庭づくりを心がけましょう。

LESSON 4

小さな庭を素敵に見せる 空間演出テクニック

小さな庭だからこそ、さまざまなアイテムを活用して
庭空間を素敵に演出しましょう。
素材やデザインなど、すぐにマネできる
アイデアとヒントが満載です！

小スペースを魅力的に変える

DESIGN TECHNIQUE

自分らしい庭づくりの 空間演出テクニック

I邸

小さな庭がムードいっぱいの快適空間に

Technique 1

Welcome
HOME

小道をくねらせて奥行き感を出す

小さな庭に特におすすめなのが、カーブをつけた小道です。庭に動線をつくるだけでなく、視覚的な効果も。左右の曲線が遠近感を生み、奥行きのある空間を演出します。

➡P.88へ

Technique 2

フェンスで空間にまとまり感を出す

隣家や道路から室内が見えてしまうなど、小さな庭にありがちな問題点を克服するのに、とり入れたいのがフェンス。プライベート感を高めて、空間にまとまりを出すにも最適です。

➡P.92へ

Technique 3

立体感を生む構造物をとり入れる

小さな庭には、アーチやパーゴラなど高さのあるものが特におすすめ。これひとつで立体感のある空間に生まれ変わります。つる性植物を絡めてイキイキとした風景に。

➡P.94

IDEA

エアコンの室外機はカバーをして花台に！

Technique 4

自分らしい個性を加えるなら小物づかいで差をつける

物足りないところにひとつ置くだけで、空間をキュッと引き締めてくれます。少し凝ったデザインの鉢なども使って、ワンコーナーからデコレーションしてみましょう。

➡P.96へ

Technique 5

手軽に季節感をプラスできる寄せ植え＆ハンギング

さまざまな草花をまとめる寄せ植えは、季節感も出せるフォーカルポイントとして優れたアイテムです。つるして飾るハンギングなら、小さな庭に必要な立体感を演出することもできます。

➡P.98へ

小さな庭こそ演出アイテムで奥行き＆立体感を生み出しやすい

構造物などを使った庭づくりは、広いスペースがないとできないとあきらめていませんか。実は小さな庭のほうが空間演出がしやすく、初心者にはとり組みやすいのです。

写真のI邸の庭は、2坪ほどの小スペースですが、小道、フェンス、アーチ、室外機カバーなどの構造物や、小物や寄せ植えなどのアイテムをちりばめて、庭をムードいっぱいの空間につくり上げています。

コツは、色や素材を合わせた構造物で一体感を出したうえで、草花や小物でイキイキとしたアクセントを加えること。一度につくるのはむずかしいかもしれませんが、少しずつ時間をかけてあなたらしい庭空間を育て、つくり上げていきましょう。

小スペースも
アイデア次第で
素敵な空間になりますよ

Technique 1

小道

小道は庭全体のまとめ役

レンガや自然石、木材など素材や並べ方で演出は自由自在

ガーデン空間に伸びる小道は、ムードをつくり出し、小さな庭で奥行き感を生むのに欠かせない要素です。素材やデザイン、並べ方でいろいろなイメージを演出できます。

小道を考えるときは、動線を考えつつ、簡単な見とり図を描くことからはじめましょう。D・I・Y・でレンガを敷く場合は、まずレンガの高さに土を掘り、砂などを敷いて平らにならします。そこにレンガを並べ(目地《めじ》を設ける際は目地分を空ける)、土を戻して植栽を施します。

素材で演出

歩きやすい大きめ天然石

天然石の平板は、大きいので目地も少なく、凸凹がないので歩きやすさを優先した素材。出入りで使うことが多い玄関アプローチなどに向いています。

色とりどりのアンティークレンガ

茶やグレーなど色味が豊かな耐火レンガです。経年とともに味わいが増すのも魅力。ナチュラルテイストのお庭に特に似合います。

経年変化も楽しみな枕木

天然の木材の中でも、野趣あふれる枕木は人気の小道素材のひとつです。かたくやや加工しにくいものの、雑木の庭にぴったり。

ナチュラルだけど腐らない擬木《ぎぼく》

日陰や湿気の多いスペースなので、腐らないコンクリート製の擬木をチョイス。表面には木目が施されてナチュラルな風合いです。

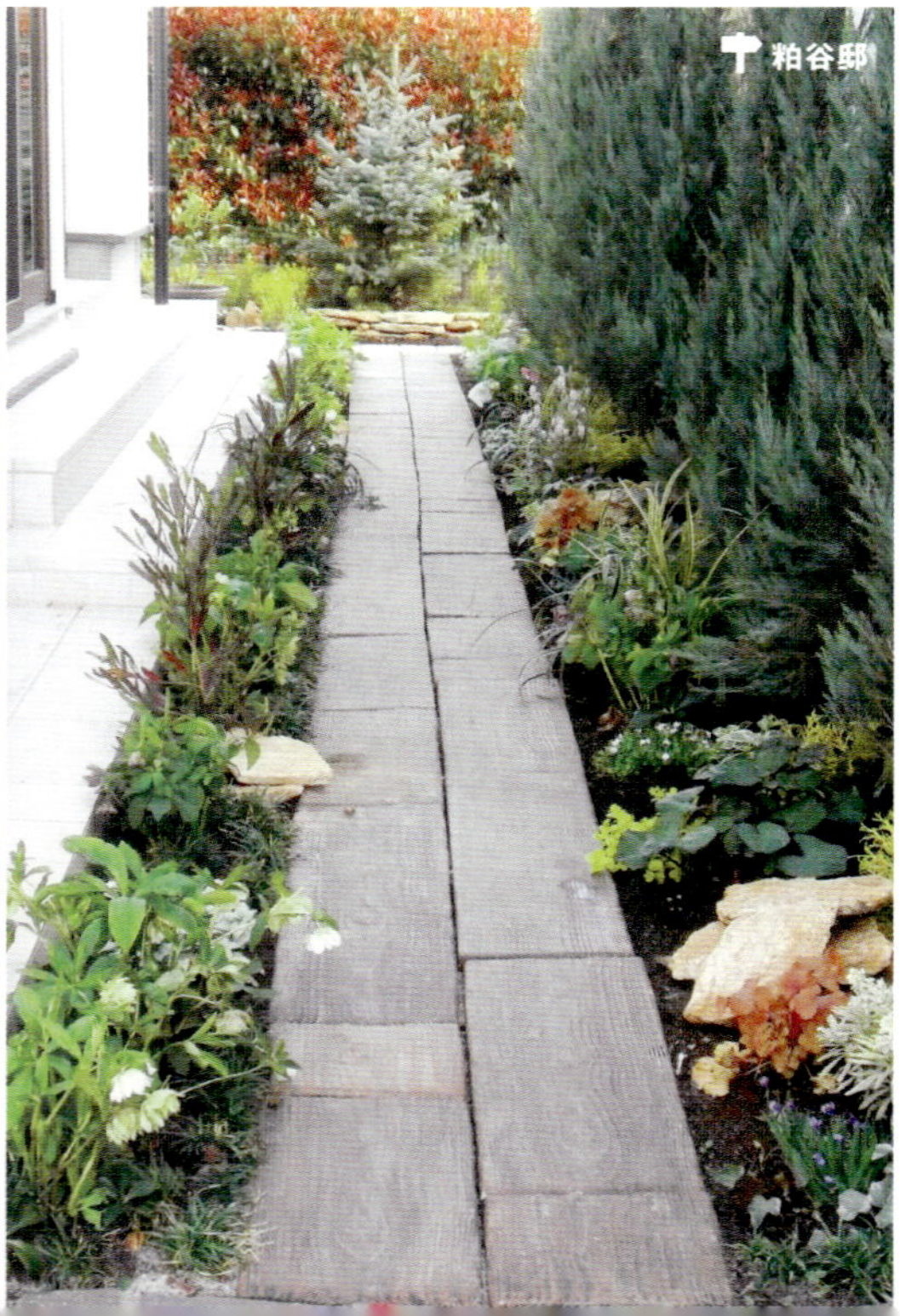

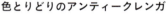

天然木だけれどスッキリ見えるウリン材

天然の木材の中でも腐りにくく、強度も高いウリン材。ウッドデッキに人気の材料ですが、まっすぐ伸びる小道に敷いてスッキリとした雰囲気に。

ナチュラル感が素敵なくるみの殻

ナチュラルでかわいらしいくるみの殻を小道の材料にしました。踏みしめるとカラカラと大きめの音がします。腐りにくいうえ、防犯効果も！

手軽に用意できる砂利

短い小道には、草花にも馴染む主張の少ないグレーの小粒砂利を敷いて。砂利は粒の大きさや素材、色味とも多彩にそろう便利な小道素材です。

和モダンな自然石×瓦

砂とセメントに水を混ぜてつくるモルタルをベースに、砂利を加えてザラリとした表面に。アクセントに和瓦を埋めてモダンな和テイストに仕上げました。

高級感が出る自然石

天然の乱形石《らんけいせき》は黄色やピンクなど色味のあるものを選んで、華やかなイメージに。モルタルを目地に詰めるので、雑草予防にも一石二鳥の素材です。

リズミカルなタイル型の石

北欧の石畳として使われていた、アンティークの花崗岩。凸凹感のある表面と、豊かな色味があたたかみのある雰囲気を演出しました。

デザイン
で演出

日陰の小道は明るいトーンで

犬走りなどの日が入らない小道に、日陰でも明るく映える素材を。淡いグレーの石材に黄色い砂利を合わせると、リーフだけでも華やかな仕上がりになりました。

カーブの小道に適した並べ方

長方形のレンガや石を、列ごとに半分ずつずらしたデザイン。この並べ方は小回りが利くので、カーブをきれいに描きたいときにぴったり。

不ぞろいに並べてナチュラルに

小さめのタイルやレンガなら、たて・横をランダムに配列することもできます。目地《めじ》を広めにすることで、レンガの数を節約するワザも。

レンガの縁どりにモルタルを流して

レンガで土留めをして、モルタルを流し込んだ小道。モルタルに混ぜる砂利の種類によって、洋風から和風まで雰囲気が自在につくれます。

大小のタイルを組み合わせて

単調になりがちなコンクリートの平板の小道に、13cm角の天然石の平板をプラス。色合わせにこだわって組み合わせました。

モダンな飛び石風

小石を敷き詰めた地面に、石の平板を縦横ランダムに配して。動きのある小道でリズムが生まれ、植物が少ない空間でも寂しく見えません。

草花使いで心癒される小道に

枕木の目地には緑がこんもり

木と木の間にもグラウンドカバーが育って、たっぷりと緑で覆われました。飛び石風の小道は、緑を引き立てつつ動線をしっかり保つのに最適です。

POINT

小道にぴったりのグラウンドカバー

小道の目地《めじ》や左右に植える下草は、踏まれても傷みにくい丈夫なものが安心です。また、あらかじめ植えておけば雑草防止にも役立ちます。数種類を組み合わせて、表情豊かに縁どるのがおすすめです。

ワイルドストロベリー

リシマキア

セダム

庭に小道があると小さな空間に奥行きと一体感が生まれます

この本の監修者・多末子さんのイングリッシュガーデンにもはちみつ色のレンガの小道が。小道に映る木漏れ日はそれだけで心癒される風景です。

道の両端は複数の草花で覆うように

クリスマスローズ、ヒューケラ、エリゲロン……日陰でも植物を選べば、足元で草花が揺れる植栽スペースを生かした小道がつくれます。

芝生と真砂土《まさど》のコントラストが美しい

芝生と小道だけの平面空間に、シャープな葉が特徴のアガパンサスを添えて動きをつけました。芝生を傷めないためにも小道は重要です。

背の高い草花で立体感を出す

レンガ、天然石、砂利の配置をランダムに手づくり感をあえて残してみたら、草花たちとの一体感を感じる、ナチュラルなガーデン空間に仕上がりました。

Technique
2
フェンス

フェンスは一石二鳥の便利アイテム

プライベート感を高めて植栽をイキイキと見せる背景にも

フェンスは、隣家や道路と敷地を隔てる目隠しだけでなく、草花をイキイキと見せる舞台背景や、その庭の世界観をまとめる囲いにもなる優れたアイテム。悪条件が重なる小さな庭でこそ活用したい構造物です。

主な素材は天然木、耐久性の高い樹脂木、デザイン性の高いアイアンなどで、その並べ方も大切です。横に渡すと左右の空間が強調され、縦に並べると上の空間を感じる視覚効果もあります。面積が広く、庭の雰囲気を左右するので、色も含めて考えましょう。

フェンスの足元に花の演出を

既成のアイアンの飾りを組み込んだウッドフェンスは、隣家との境に設置して目隠しに。足元にはブルーグレーに映える、黄色や赤の花を植栽しました。

ニュアンスの違う素材の組み合わせ

アンティークのアイアンゲートとウッドフェンスの異素材の組み合わせ。間にはハンギングやランタンを下げられる柱を設置して、空間を大きく見せています。

アーチと一体型のフロントフェンス

玄関先の狭小スペースに設置した、同素材のフェンスとゲート。フェンスは目隠ししつつ、ハンギングを飾る門柱役も果たしています。

抜け感のある小窓つきのフェンス

玄関先の目隠しに思い切って高さを出したウリン材のフェンス。小窓を複数設けて、明るさと風通しを確保。グリーンを飾るスペースにもなっています。

四季の移ろいを映す立体キャンバス

足元のナチュラルガーデンと、フェンスに誘引《ゆういん》したクレマチスなどのつる性植物が一体となって、空間全体が緑のキャンバスになりました。

藤本邸

POINT

フェンスに美しく絡むつる性植物

隣家や道との間につくるフェンスの足元は、たとえ空間が狭くてもかっこうの植栽スペースになります。フェンスの壁面に絡むつる性植物をとり入れて、高さを生かした緑の演出にチャレンジしてみませんか。

ヘンリーヅタ
秋にはまっ赤に紅葉します。

ブラックベリー
かわいい花と実が魅力。日陰もOK。

ブドウ
実がなり、葉の形が爽やかです。

トケイソウ
時計のような花姿が人気。種類も豊富。

ホワイトプリンセス
ジャスミンの仲間で、香りがよい花。

ヤマホロシ
花期が長く、丈夫で育てやすい。

風景に自然になじむ天然木

縦格子は、正面からは光を通し、斜めからは目隠しになる機能性の高いフェンスです。背の高いフェンスでも、足元の植栽の日あたりは確保できました。

菅沼邸

耐久性の面でも安心な樹脂木

メンテナンスフリーがうれしい樹脂木フェンス。ハーブグリーンのカラーリングが人工的な素材感を薄めて、フェンス下の明るい色の草花と一体感を生みました。

K邸

実用性を高める
構造物

Technique
3
構造物

構造物は目的に応じて選ぶのがカギ

構造物の活用で小さな庭が縦にも広がりのある空間に

20ページで紹介したように、アーチやパーゴラ、物置など、庭の構造物は実用的なものから、植栽をサポートするものまでさまざま。目的によって選んだうえで、庭全体の雰囲気に合わせて素材や色を決めましょう。

立水栓《りっすいせん》や作業台など庭作業を効率的にするための構造物も、デザインを工夫すればお庭にアクセントをつけることもできます。

また、柱を組み合わせてつくるパーゴラやアーチは、植物を上にはわせて空間を立体的に見せ、奥行き感を出したり、雰囲気を盛り上げる演出に優れた構造物です。

動線がスムーズになるデッキ

室内と外を緩やかにつなぐウッドデッキは、出入りの多い位置に。植栽の相性も考え、耐久性がバツグンなうえ、ナチュラル感もあるウリン材にしました。

フォーカルポイントにもなる立水栓《りっすいせん》

立水栓の脇にレンガの台をプラスしたら、寄せ植えやホースが置けて、想像以上の使い勝手になりました(上)。物置を兼ねた腰高水栓(下)も便利です。

人気上昇中の自転車置き場

フェンスとの共素材の屋根で、雰囲気を壊さずに玄関前の小スペースがサイクルポートに。 手づくりならスペースに合わせてつくれます。

メンテが楽になる作業台

目隠しフェンスに作業台を追加したところ、腰を屈めずに立ったまま作業ができるようになり、庭仕事の効率がグンとアップしました。

雰囲気を盛り上げる 構造物

ブドウが絡むパーゴラ

細長いパーゴラにブドウとバラのつるを絡ませて緑のトンネルに。配置を工夫して、花期には満開のバラが室内から楽しめるようになりました。

壁面利用でバラを美しく

壁面のコーナーを利用した3本柱のパーゴラは、奥を高くしてバラがきれいに見えるように設計。アクセントカラーでバラがないときもおしゃれに。

ベンチにもなるパーゴラ

目隠し、ベンチ、作業台、花台を兼ねたパーゴラ。ステンドグラスも組み込んでメインの庭のフォーカルポイントになりました。

三角形が特徴のバラのアーチ

大振りのランタンを吊るすためのとんがりアーチ。続く小道と合わせて、奥に向かって視線が吸い込まれるような演出効果を狙いました。

バラと好相性のワイヤーアーチ

ワイヤーアーチを庭に対して斜めに配置することで、空間に動きをつけました。バラを絡ませて、小さいけれど雰囲気抜群のイングリッシュガーデンに。

存在感のある太めのアーチ

3つが連なる枕木のアーチで、小さな庭がダイナミックな空間に！ アーチに沿って床面のレンガ、飛び石、花壇がリズミカルに続く凝縮された庭です。

英国風のつるバラ用パーゴラ

手前と奥で表情の異なるパーゴラの組み合わせ。絡ませるバラの種類も変えています。植物の手入れがしやすいように桟の幅も工夫しました。

窓ぎわに陰を生むアーチ

窓前にアーチをかけて、南欧のような絵になるコーナーが生まれました。室内から外を眺めると、アーチからこぼれる葉のシルエットが風景に溶け込みます。

Technique 4
小物

小物使いで庭の雰囲気がパッと華やぐ

雑貨や鉢植えを並べるだけでおしゃれなガーデン空間に変わる

雑貨やポットなどの小物は、センスが光る庭づくりには欠かせないアイテムです。庭をぐるりと見回して、寂しいなと感じるところに置いてみましょう。

小物使いで、空間がぐっと引き締まるのを感じるはず。日陰の場所には白や暖色などの小物を置くと、明るく目を引きます。

また、飾る場所に困ったら、フェンスに棚をつけるのもおすすめです。棚受けの金具をビスでとめつけ、棚板をのせるだけで、ディスプレイが気軽に楽しめるようになります。

ベビーバスの大鉢

カラーリーフや季節の花の鉢を詰め込んだハンガリー製のベビーバス。これひとつで空間がシャビーガーデンにまとまりました。

壁面を利用したコーナーづくり

目線の高さにプレートやステンドグラスをかけたり、同じ色に塗装した小物をかけたり、フェンスや家の壁面を背景にして植物とのコーディネートを楽しんでみましょう。

今城邸

内田邸

松井邸

光が反射する小さな水場

植物と水は切っても切れないもの。水場は小さくてもフォーカルポイントになります。お気に入りの平鉢などに水を張って、草花の間にさりげなく置いてみましょう。ただし、蚊が繁殖しやすい夏場は気をつけて。

IDEA

日々の手入れで使う木酢液《もくさくえき》や肥料もおしゃれなボトルに詰めかえればガーデン小物に。

涌井邸

関根邸

人気の動物モチーフでやさしい空気感を演出

愛らしい動物のガーデン小物は、種類や素材も豊富にそろいます。片隅にそっと置くだけで、ほっとするやさしい空気感のコーナーに。植物になじみやすいのは石製。アイアン製は大人っぽい雰囲気にまとまります。

I邸

I邸

Technique
5
寄せ植え＆
ハンギング

小コーナーを彩る
寄せ植え

季節感を楽しむ 寄せ植え＆ハンギング

**草花の効果で雰囲気が一変！
小さな庭が華やぐ演出アイテム**

何種類かの草花をひとつの鉢に植える寄せ植え、寄せ植えを吊るして楽しむハンギング。地面の少ない玄関まわりや、殺風景になりがちな階段やフェンスに添えると、雰囲気がガラリと変わります。また、植物の選び方や飾り方次第で、ローメンテナンスの庭づくりにもひと役買ってくれます。

例えば、花壇や地植えは手入れのいらない樹木やカラーリーフで構成し、フォーカルポイントになる季節の花を寄せ植えに限定すれば、手入れの範囲は最小限に。また、多肉植物や野草、リーフなどテーマを決めてつくるのも方法です。

玄関先に飾るだけで
空間が一気に華やぐ

ナチュラル感たっぷりの草花

アンティークのブリキのベビーバスを大きな鉢にしたウエルカムフラワーの寄せ植え。季節ごとに少しだけ草花を入れ替えてローテーションしています。

鉢のコーディネートも重要

素朴でナチュラルなバスケット、エレガントなフォルムの鉢。寄せ植えは鉢で雰囲気が大きく変わります。飾る場所に合わせて選んでみて。

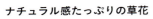

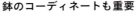

吊るすだけで色彩豊かに
ハンギング

目を引くフラワーボール！

庭の色彩はハンギングで補って。日なたに飾って、手入れをすれば、春から初夏まで咲き続けます。眺めるだけでかならず気分が上がる演出アイテムです。

玄関先のウエルカムフラワー

春の小花を集めたふんわりやさしいハンギング。丸いフォルムから飛び出した細い枝葉が、春風にゆれて視線を誘います。

カラーリーフを多用して

暑さで花が傷みやすい夏は、爽やかなリーフ中心で。吊るすので風通しよく、蒸れにくいため根腐れも防げます。ワイヤーのバスケットには、ヤシの繊維を編んだクッションを敷いています。

POINT

寄せ植え、ハンギングのデザインのコツ

飾る場所が決まったら、その場所にはどんなデザインが馴染むのか、イメージを膨らませながら、フォルムや色合わせ、鉢を組み合わせていきましょう。準備できる草花も季節によって変わるので、その時々の旬の植物で楽しみながらつくるのがポイントです。

FORM

丸いフォルム

鉢の中央を少し盛り上げて、縁に向かって低くしていくとこんもりと丸いフォルムに。やわらかい印象にまとまります。

高さをつける

カラーなどスッと高さのある植物、そして鉢から枝垂《しだ》れる枝葉で、縦のフォルムを強調することも。動きのある寄せ植えに仕上がります。

COLOR

同系色でまとめる

例えば、黄色の濃淡の花や葉でまとめると、それだけで一体感を演出できます。ビギナーはここからはじめるのが安心です。

白＆緑をベースに

白と緑は合わせる色や場所を問わないので、ベースにすれば失敗はありません。差し色の花を加えるだけでおしゃれにまとまります。

GARDEN-D.I.Y.

寄せ植えのつくり方

基本になる三方見《さんぽうみ》デザインの寄せ植えの手順とコツを紹介します。三方見とは、正面を中心に、左右180度に草花がきれいに整って見える状態にする形です。

用意するもの

- 好みの鉢
- 好みの苗
  （ここでは、パンジー、斑入《ふい》りセリ、ビオラ、ミニバラ、ネメシア、エレモフィラ、スイセンの球根を使いました）
- 鉢底ネット
- 土（赤玉土＋腐葉土または培養土）（120ページ）
- 元肥《もとひ》
- 珪酸塩白土《けいさんえんはくど》

POINT

寄せ植え＆ハンギングのお手入れのコツ

ぎゅっと植物がまとまっているものなので、こまめなお手入れを心掛け長持ちさせましょう。乾燥しやすいので水やりは1日1回。花が多めな鉢なら、咲き終わった花の花がら摘みはこまめに。また、天気が荒れたり、日が強すぎるときは鉢を移動させましょう。

水やりは時間をかけてゆっくりと。植えたてのときは特に注意して。

1
鉢の底に穴があいている場合は、鉢底ネットを敷き、土を鉢の半分くらいの高さまで入れる。土の水はけが心配なときは、土を入れる前に軽石を敷く（軽石はキッチン用の三角ネットに入れると便利）。

2
ポットのまま鉢に植物を置いて、バランスを見ながら植える位置をシミュレーションする。三方見の場合、高いものを後ろにし、手前に向かって低くなるように配置するとよい。

3
2 で決めた位置を崩さないようにしながら、鉢からポットをはずし、元肥を入れ（根につかないように底のほうにもぐり込ませる）、さらに根腐れ防止用の珪酸塩白土をまく。

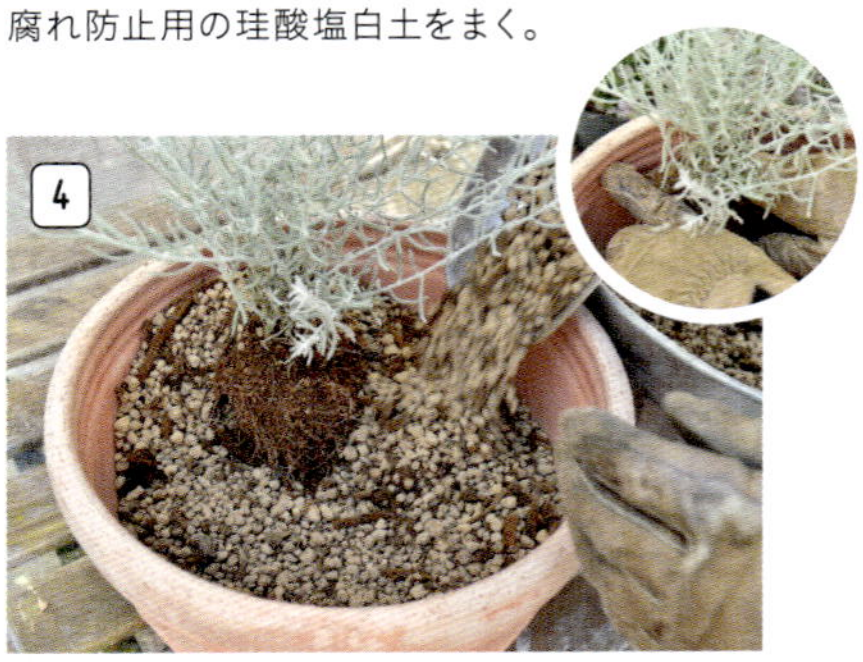

4
後ろに入れるいちばん背の高いエレモフィラをそっとポットからはずし、ポットの上面が鉢の縁から1cm下にくるように入れる。縁と同じ高さに植えると水やりの際に水があふれてしまうので、ウォータースペースを確保する。

POINT

ポットからはずした植物は、しっかり根づくよう植える前に根を手でやさしくほぐし、根元の傷んだ葉などはとり除いて風通しをよくしておきます。

5
花の向きを考えながら、高さがあるものから4の要領で鉢に入れ、間に土を入れる。セリは枝が鉢からたれ下がるように少し斜めに角度をつけて植える。鉢の中央にパンジーとその横に球根を入れる。

6
ミニバラの株を手で分けて、散らすようにして3か所に分けて入れる。ひと通り植えたら、根と根の間にすき間なく土が入るよう割りばし等でつついて、足りなければさらに土を入れる。

7
全体のバランスを見ながら、飛び出た枝などははさみでカットする。確認の際は1mほど下がって全体を眺めるようにするとよい。ジョウロで土全体に水をやり、土がへこんだところにはさらに土を足す。

直接鉢を置くよりも、イスや花台などにのせて高さをつけるのがおすすめ。

①エレモフィラ ニベア
②パンジー
③ネメシア
④ビオラ
⑤ミニバラ
⑥斑入りセリ フラミンゴ
⑦スイセンの球根

＼ 横から見ると ／

後ろから前に向かって低くなっているので、植えた草花が隠れることなくバランスよく見えます。後ろが見えない壁前に置くとよいでしょう。

GARDEN-D.I.Y.

ハンギングのつくり方

ナチュラルなテイストが人気の、水苔バスケットを使ったハンギングのつくり方を紹介します。一般的なバスケットを使う場合も3以降同じ要領となります。

用意するもの

- 好みのハンギングバスケット
- 好みの苗（ここでは、カルーナ、ネメシア、アンティークビオラ、ハツユキカズラ、アイビー、プリンセスクローバー、ミニチュアローズ、ロータス ヒルスタス、フリル咲きパンジーを使いました）
- 水苔
- ハンギング用の土（下記参照）
- 元《もと》肥《ひ》
- 珪《けい》酸《さん》塩《えん》白《はく》土《ど》　・バスケットを置く台

ハンギングの土について

吊り下げるので、軽くなる素材を混ぜて。市販のハンギング用培養土でもOKです。

［ 水苔を使うなら ］

バケツにたっぷりの水をはり、水苔を入れて戻します。1時間程度は浸しておきましょう。

バスケットは台（ごみ箱など筒状のものが置きやすい。ここでは100円ショップで購入した鉢）にのせる。戻した水苔を軽く絞り、バスケットの内側に入れる。

水苔は、底にはたっぷりとのせ、側面は手のひらでバスケットを挟むようにしてはりつける。

1度ポットを並べて植物のだいたいの位置を決めたら、土を半分まで入れ、元肥と（根につかないように底のほうにもぐり込ませる）、少し多めに珪酸塩白土を入れる。

縁の植物から植える。ポットからはずし、土を少しずつ入れつつ、鉢を回しながら1周ぐるりと植える。

POINT

縁に入れる植物は、植える前に株を広げて平らにすると縁にフィットしやすい。枝葉が縁からこぼれるように、斜めに入れるのがポイント。

縁に苗を植え終わったところ。苗と苗の間に土を入れる。

真ん中にカルーナを入れる。真ん中は周囲よりも高くなるよう立てて植え、全体が山なりのシルエットになるようにする。中央と縁の間のすき間に、3つに分けたバラ（P.100 6 参照）を3か所入れる。

土が見えなくなるように、土の面に水苔を敷き詰める。

S字フックを使ったり、柱に釘でフックを打ちつけてさげたり。案外重量があるので、つるすときは気をつけて。

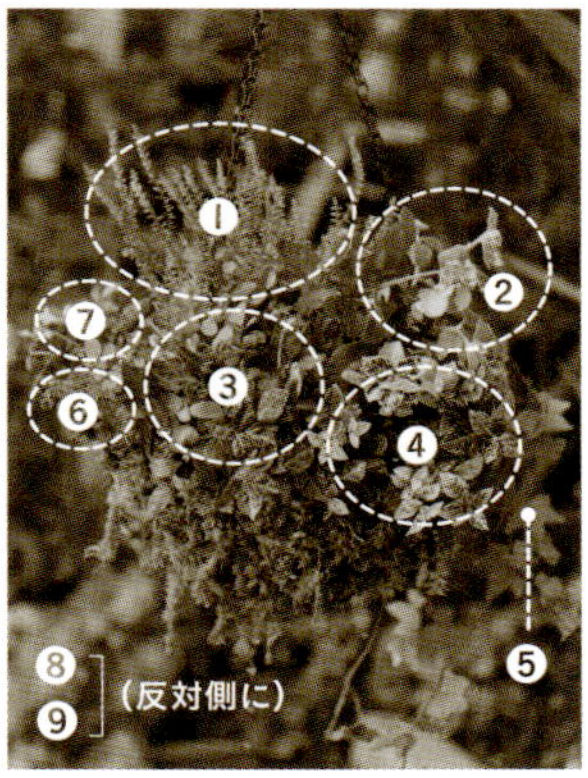

①カルーナ
②ネメシア
③アンティークビオラ
④ハツユキカズラ
⑤アイビー
⑥プリンセスクローバー
⑦ミニチュアローズ
⑧ロータス ヒルスタス
　ブリムストーン
⑨フリル咲きパンジー

反対側から
見ると

ハンギングは、鉢から草花がこぼれ落ちるように植えるのがポイント。つる性の植物などを組み合わせ、思いきって動きを出すと、イキイキとしたハンギングに仕上がります。

小さな庭の植物カタログ

寄せ植え＆ハンギングにおすすめの植物

こんもりとボリュームの出る草花

草丈は15cmくらいで、丸いフォルムをつくり寄せ植えの中央や、手前側を飾るのに役立ちます。こんもりと茂るので、間を埋めるのにも適しています。下に季節ごとにおすすめの草花を紹介しています。花が楽しめる時期でわけていますが、夏のペチュニアやアンゲロニアは、晩秋まで長く咲き続けてくれることもあります。

春
- パンジー
- ビオラ
- スイートアリッサム

夏
- ガイラルディア
- ブラキカム
- ペチュニア
- アンゲロニア

秋
- アゲラタム
- ペンタス
- センニチコウ

冬
- イベリス
- クリスマスローズ
- ネメシア

□ビオラ

□アンゲロニア

□ペンタス

□クリスマスローズ

POINT

鉢のセレクトを考えてみる

寄せ植えやハンギングは、デザイン性を重視して植える形や素材にもこだわりたいものです。外国の空き缶やブリキの洗面器の底に穴をあけて鉢代わりにする、身近なものを活用する。はたまたリース型ワイヤーバスケットでリース風に植えてみるなど、自由に楽しみましょう。

◀リース型

アンティーク缶▶

春
- デルフィニウム
- ギリア
- ラベンダー
- ニゲラ

夏
- ベロニカ
- 宿根フロックス
- ルドベキア
- インカビレア

秋
- シュウメイギク
- ダリア
- メキシカンセージ

冬
- ストック
- エリカ
- キンギョソウ

□ベロニカ

□ニゲラ

□宿根フロックス

□メキシカンセージ

□キンギョソウ

高さの出る草花

上に伸びて高さの出る草花は縦のラインを強調するのにぴったりです。鉢の奥か中央に配置すると全体のフォルムがまとまりやすくなります。草丈の高い植物は風に揺れる姿も魅力的です。

アクセントになるリーフプランツ

最近では色、形とも個性的なリーフプランツが増えています。斑《ふ》入《い》りの模様や明るい黄緑や赤などの色が、アクセントになります。また、アジュガやヒューケラは春先に花も楽しめます。

春
- ヒューケラ
- アジュガ
- ホスタ

夏
- 宿根ロベリア
- ベコニア
- カンナ

秋
- ベニセタム
- アルテルナンテラ
- ユーフォルビア

冬
- コクリュウ
- ハボタン
- プラチナ
- チェッカーベリー

□アジュガ

□アルテルナンテラ

□コクリュウ

垂れ下がる植物

下の３つは、花も楽しみながら枝《し》垂《だ》れる種類です。カラーリーフでも鉢からこぼれ出るようなフォルムのものがたくさんあります。鉢からあふれるような草花があると、生き生きと動きのある寄せ植えに仕上がります。

- コンボルブルス
- シレネユニフローラ
- ヒメツルニチニチソウ

□コンボルブルス

□ヒメツルニチニチソウ

ROSE GARDEN

やっぱり憧れは バラの庭

病害虫やお手入れの心配から、育てるのが難しいと思われがちなバラ。品種改良なども進んだ最近では、病害虫に強く、育てやすいものもたくさん出ています。

**アーチやパーゴラ、
壁面、フェンスなど
バラの演出法は
さまざま**

1 フェンスに沿ってパーゴラに、コーネリアをはじめこんもりと茂った数種類のバラがロマンティックに絡みます。つる性のコーネリアはたおやかで枝扱いしやすい品種。

2 エントランスには、訪問者も道行く人にも喜ばれるバラのつるが絡まるアーチとフェンス。濃淡ピンクのコーディネートで優雅なイメージでまとめました。

3 アンティークのステンドグラスを埋め込んだウッドフェンス。レモンイエローのバラをはわせてフォーカルポイントに！ すぐにマネしたい演出テクニックです。

小さな庭に最適！

一株のつる性バラで優美なローズガーデンに！

1 アーチに絡ませ生長の早いモッコウバラを上へと伸ばしました。伸びきった枝を自然と枝垂れさせるのは、剪定《せんてい》しなくても開花するモッコウバラならではの演出。白のモッコウバラはほのかに香ります。

2 駐車場脇の幅たった20cmしかないスペースに、しっかりしたフェンスをつくりつるバラを植栽。狭い庭なので壁面をうまく利用して立体感を出しました。

1本のバラからはじめて、夢のローズガーデンが完成！

駐車場脇の
幅20cm！

特におすすめ！

モッコウバラの育て方のコツ

［植え方］

モッコウバラは寒さには少し弱いので、日あたりがよい場所を選んで植えるとよいでしょう。寒い地域では、移動可能な鉢植えがおすすめです。条件が合う場所だと、かなり大きく育ちます。例え剪定をしなくても花はつくので、低めのフェンスよりも家屋の壁面など、広く誘引できる場所で育てるのがベストです。

［日々のお手入れ］

土の表面が乾いたらたっぷりと水をやりましょう。

はじめてのローズガーデン

バラづくりQ&A

Q バラの害虫対策は特別なお手入れが必要？

欧米よりも湿気が多い日本では、どうしても病害虫は避けられません。葉を食べられたとしても、また花はつくので安心して。すべての虫を退治しようと思うと、バラづくりを楽しめなくなってしまいます。あまり気にし過ぎず、大きく、重くなった枝を12～2月にかけて切り落とせばOK。農薬などをたくさん使うより、病害虫に負けない丈夫な株に育てることを目指しましょう。

Q 鉢と地植え どちらが育てやすい？

バラは幅30㎝四方のスペースがあれば、育てることができます。鉢植えであれば、根を張る場所が制限されるので大きく生長しすぎることはありません。ただし、地植えよりも乾燥しやすいので、強健種を選ぶと育てやすいでしょう。鉢やコンテナは直径、深さとも30㎝ほどのサイズがあると安心です。

小さな庭の植物カタログ

はじめてバラを育てる人におすすめの品種

バレリーナ

つる性バラのように構造物に絡めやすい。チャーミングなひと重の花で、大きくなりすぎないので小さな庭にぴったり。1年に何度も花をつける四季咲きで、秋にはかわいらしい実をつける。

ピエール ドゥ ロンサール

つる性バラだが枝は太くかため。一季咲きながら春先から初夏頃まで長く開花し、その間クリーム〜ピンクの美しい花をたくさんつける。病害虫に強く、花つきもよいので初心者におすすめ。

モッコウバラ

つる性バラ。学名はロサ バンクシアエ ルテア。花つきがバツグンで、病害虫に強い。トゲが少なく、枝が細いので剪定もしやすい、初心者に特におすすめのバラ。一季咲きで4〜5月頃に開花する。

ボレロ

花びらが細かく重なるロゼット咲きの白いやわらかな花姿が愛くるしい。病気に強いので初心者でも育てやすい。大きくなりすぎないので小さな庭や鉢植えに向き、甘いフルーツのような香りが特徴。

イヴ ピアッチェ

華やかなローズピンクの大輪の花が、これぞバラという魅力を放つ。香りがよく切り花用の品種としても知られる。くり返し咲く四季咲きだが、特に秋の庭で映える。

アイスバーグ

自立する木立性のバラながら、枝がしなやかで扱いやすい。丈夫なうえ、くり返し咲く四季咲きで花期も長いので人気。トゲが少なく日陰でも純白の美しい花が咲く。

Q 失敗しない選び方のコツは？

花の形や色を優先したいところですが、失敗しないためにはまず、植栽場所の条件に合った品種を選ぶことが肝心。日照と広さを確かめて、お店で相談するのが安心です。花つきをよくするなら、できるだけ日あたりのよい場所がベスト。半日陰でも花が楽しめる品種があります。

Q 誘引《ゆういん》って何ですか？

茎や枝、つるを支柱に結んで、生長やその形を整えることを「誘引」といいます。つるがしなやかで自立しないつる性バラは、壁面やアーチなどの構造物に誘引して育てます。誘引するには、壁面の広げたい範囲にビスでワイヤー（針金）を張り、麻ひもで吊って、ワイヤーをゆるく結びとめます。

家屋の壁面に穴を開けてビスを打ち、そこにワイヤーを巻きつける。
穴が開けられない場所はネットやトレリス（飾り用のフェンス）を使うとよい。

費用の目安は？ プロの力をかりるコツ

庭づくりを専門店に頼むのは、知識ゼロでも、プランづくりから
安心して任せられるというメリットがありますが、費用面が心配。
要素別にかかる費用の目安と頼み方のコツも紹介します。

プロに依頼した場合の費用の目安は？

■小道づくり

＊レンガ敷き
3列×4mの場合
80,000円～

■花壇づくり

＊レンガ積み(後ろなし)
1.8×0.6m×H5段の場合
120,000円～

■デッキづくり

＊ウリン材(ステップなし)
1.5×3×H0.45mの場合
260,000円～

■フェンスづくり

＊ウリン材横はり
2×H1.8m(9段) の場合
150,000円～

■その他の構造物の設置

＊場所に合わせたオリジナルデザインのパーゴラや自転車置き場などの場合
250,000円～

＊予算は、施工会社や施工面積、素材、環境によっても変わります
＊価格データは、2025年1月時点のものです

庭づくりをまとめて頼むか？ 部分的に頼んで節約するか？

プランづくり、植栽、土づくり、構造物など一度にまとめてプロに施工依頼する場合、平均すると80～１００万円が予算の目安といえます。ただ予算に合わせて、部分的に依頼するのも方法です。

例えば、専門的な知識や道具が必要なフェンスやデッキなどの設置はプロに任せ、好みの色の塗装や細かな植栽は自作すれば節約は可能です。

理想の庭づくりの
近道は、プロの力を
上手に活用すること！

POINT

庭づくりの相談＆頼み方のコツ

庭づくりの相談は、造園会社やガーデンデザインを手がける会社、また、フラワーショップでも受けつけています。ホームページに手がけた庭の実例を掲載していることも多いので、チェックして、気になったところに連絡してみるとよいでしょう。また、施工後の相談のしやすさなどを考えると、あまり遠くない地域の会社やお店のほうが安心です。

〈相談時に用意しておきたいもの〉

- 庭の寸法がわかる図面
- イメージしている庭の写真など
- 現在の庭の様子がわかる写真
- 希望の予算

LESSON
5

はじめてでも簡単！
小さな庭のお手入れの基本

小さな庭に必要なお手入れとその方法、
あると便利な道具類をまとめて紹介しましょう。
また、四季を通じた庭の楽しみ方を
監修者であるガーデナーの戸倉多末子さんにうかがいました。

庭の恵みの楽しみ方
～多未子さんの季節のガーデン便り～

春のガーデン便り

咲き誇る庭の草花でブーケづくりを楽しみましょう

春夏秋冬それぞれ庭の持つ美しさがありますが、もっとも植物が華やぐ季節はやっぱり春。土の下で寒い冬を乗り越え、芽を出し、色とりどりの花を咲かせる植物を見ていると、人間の気持ちも自然と高揚してくるものです。そんな植物を見るたびに、心は満たされていきます。

私は庭にある植物でブーケをつくり、プレゼントをするのが好きなのですが、特に春のブーケは華やかに仕上がります。庭の花でつくると、お花屋さんで買う切り花とは違うナチュラル感が魅力です。

花壇に植える花もブーケづくりをイメージして、花を考えるととても素敵になります。ナチュラルガーデンでは、ガーデニングをはじめたばかりの方に人気のある小花や、植えっぱなしでも毎年花の咲く原種の植物がよく似合います。

初夏にかけて開花時期を迎えるアストランティアは植物の中で私がいちばん好きな花。野趣に富む花で、切り花にもぴったりです。あまり知られていない草花ですが、ブーケにはよく登場する名脇役的なお花なのです。苗は少し高価ですが、日陰でもいいし、虫もつきにくく、どんどん増えて育てやすい植物です。

また、春といえばバラ。育てるのが難しいイメージがありますが、多少葉が虫に食われても気にせず楽しめばいいと思います。バラが1本あるだけで春の庭が一気に華やぎ、お庭の雰囲気もより一層引き立つでしょう。

Spring Garden

1 やさしい花姿のアストランティア。2 地面からの芽吹きが春の訪れを知らせます。3 春らんまんの手づくりブーケ。4 バラは5月頃に花期を迎えます。5 新緑あふれるガーデンでの庭仕事。

春のガーデン お手入れLIST

- 毎朝の水やりと植えつけ後の追《つい》肥《ひ》も忘れずに
- 冬越えに成功した植物の植え替えをする
- 宿根草《しゅっこんそう》に花がつきはじめるので支柱を立てる
- 虫がついたら薬剤を散布する（よく観察して少ないうちに）
- 花が咲き終わったら蒸れやすい季節にむけ、カットして風通しをよくする本書の監修者でありガーデナーの戸倉多未子さん。ご自宅のお庭は季節の植物であふれ、日々植物のパワーをもらっているそう。多未子さん流の四季の庭の楽しみ方を紹介します。

夏のガーデン便り

色彩豊かな植物でエキゾチックな庭に

私の夏の庭のテーマは、エキゾチック。

温暖化の影響もあり、夏の庭には艶やかな植物がよく似合い、可憐な花よりもしっくりきます。

例えば、豪華で色彩豊かなダリア、立ち姿が優雅で美しいカサブランカ、下向きに咲く様子が貴婦人のイヤリングと呼ばれるフクシアなど。種類を選べば丈夫で暑さに強く、植えっぱなしでＯＫなものが多く、実は初心者でも育てやすいものばかりです。ただ、背が高くなるので支柱が必要です。

暑くなると大変なのが水やりです。何日も暑い日が続くときは、「まわりの土→植物の下の土→茎→葉」の順に水やりをしています。一気に水を与えると植物も疲れてしまうので、水分が保てるように、ゆっくりと含ませるのがコツです。

暑い夏だからこそ楽しみもたくさんあります。わが家ではローズマリー、レモングラス、カレンソウ（ゼラニウム）、バジルなどを植えています。これらのハーブは、虫よけ効果があるので、虫よけスプレーを作ったり、室内に干して夏場の虫対策に活用しています。

また、フレッシュハーブでつくるハーブティーもお客様に評判がよく私も大好き。採れたてをいただくのがいちばんの贅沢だなと思います。

梅雨が来る前にドライフラワーをつくるのもいいですね。お庭の花をカットしてから、水の中で茎の先を切って水揚げし、風の通る日陰の場所に10日間ほど干せば完成しますよ。楽しんでくださいね！

夏のガーデン お手入れLIST

- ☑ 水やりは涼しい朝夕に。水のやりすぎは根腐れを起こすので注意する
- ☑ 病害虫対策に薬剤散布をする
- ☑ 梅雨のシーズンは蒸れに要注意。咲き終わりの花はこまめにカットする
- ☑ 梅雨前に庭の花をカットしてドライフラワーづくりに挑戦
- ☑ 毎日の水やりを無駄なく効率的にできる「自《じ》動《どう》灌《かん》水《すい》装置」（122ページ）の設置にチャレンジ

Summer Garden

1 大輪のダリアは夏の庭で存在感を放ちます。2 寄せ植えのフクシア。3 逆さに吊るしてドライフラワーに。4 夏の庭は緑がいっそう濃くなります。

秋のガーデン便り

実りの秋を楽しみながら、野菜づくりにもチャレンジ

まぶしい季節が終わり、気持ちのいい風が吹きはじめる頃、葉は色づき紅葉の秋に移ります。

私の庭では、緑いっぱいだった夏の庭から、次の春への準備として植え替えをはじめます。植物のレイアウトを見直す絶好の機会なので、あれこれ想像を膨らませて楽しんでいます。

お庭のリフレッシュのためにも、できれば1年に2回、春と秋の植え替えをおすすめします。

秋は実りも魅力的な季節。私の庭ではそのまま料理に使える野菜や果物、ハーブを育てています。いわゆる「ポタジェ」と言われる庭です。野菜の植えつけは春が本番ですが、秋に植えるのもまたおすすめです。

10月頃にパクチーの種をまくと、日陰でも育ち、虫も寄らず、パクチーが広がることで雑草よけにもなります。

タマネギは11月初旬に出回る芽出し球根の5～6cmくらいの苗を購入しています。地植えでもコンテナでも簡単にできるのでおすすめです。もちろんスーパーで売っているような立派な見ためではありませんが、味は立派なもの。ルッコラ、サラダ菜も苗を植えてすぐに収穫できるので便利です。

梅雨の前につくっておいたドライフラワーを使ってハーバリウムをつくるのも、秋の夜長にいいですね。ハーバリウムとは、ドライフラワーやプリザーブドフラワーとオイルを瓶に詰めたもの。手軽にできて、観賞用として人気が出ています。自分で育てた植物の入ったハーバリウムはとてもおしゃれだと思いませんか。

Autumn Garden

1 ベリーや姫リンゴなどが実ります。2 野菜と草花を合わせた寄せ植え。3 やわらかな日差しに包まれる秋のガーデン。4 紅葉も楽しんでいます。5 草花を瓶に閉じ込めるハーバリウム。

秋のガーデン お手入れLIST

- ☑ 多年草、宿根草《しゅっこんそう》の株分け
- ☑ 次の春への準備として、植物の植え替えをする
- ☑ 球根の植えつけ
- ☑ 夏につくったドライフラワーで、ハーバリウムづくりにチャレンジ
- ☑ 秋・冬野菜の苗を植える

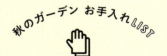

冬のガーデン便り

寒さに強い健気な植物たちがシックに庭を彩ります

冬というと枯れた印象で、実はあまり好きな季節ではありませんでしたが、年齢を重ねるにつれて、凜とした冬の庭が好きになりました。

冬の庭にはシクラメン、ハボタン、パンジー、ビオラ、クリスマスローズなど、寒さに強い植物が定番。シックな色合いで大人の雰囲気が漂います。クリスマスリースの材料に使うユーカリやコニファーを植栽にとり入れるとクラフトも楽しめるでしょう。

冬は日照時間が短く気温も低いので、鉢物は日のあたる場所に移動したり、大きすぎる葉は中の蕾《つぼみ》に日があたるよう摘みとりましょう。

また、冬は案外雨が降らないので、乾燥しないよう水を与えることも大切です。花の種類やその年の環境(雪の降り方や気温)によっても変わるので、水やりの時間帯や頻度は毎年かえて試しています。

葉を落とした植物が蕾《つぼみ》をつけたり、寒い中がんばってくれたり、何年も育っているのを見ると、ますます愛おしくなってきます。植物がそこにあるだけで気持ちにゆとりが生まれ、癒されます。

庭が寂しくなる冬場、室内で楽しむ水耕栽培もおすすめです。これは土を使わずに水と珪酸塩白土《けいさんえんはくど》だけで球根(花の芽が出た芽出し球根がおすすめ)を育てる方法。ヒヤシンスやスイセンなどの蕾が徐々に膨らんでいく様子は、愛くるしいものです。12月頃にはじめると、2月頃には花が咲き、ひと足早い春の訪れを感じさせてくれるでしょう。

冬のガーデン お手入れLIST

- 冬の水やりは株元が潤う程度にさっと与える
- 乾燥すると植物が弱るので、風が強い翌日はしっかりと水やりを
- 冷え込む夜は鉢植えなどを霜があたらない場所に移動し、防寒対策をする
- 球根植物の水耕栽培にもチャレンジして、ひと足早い春の訪れを楽しむ

Winter Garden

1 ハボタン、パンジー、ビオラの冬の寄せ植え。2 雪の日のひとコマ。3 コニファーのささやかなクリスマス飾り。4 冬の庭は静かです。5 寒い庭であたたかいお茶を楽しむのも楽しいひととき。6 いくつも育てたくなる水耕栽培。

12か月のお手入れカレンダー

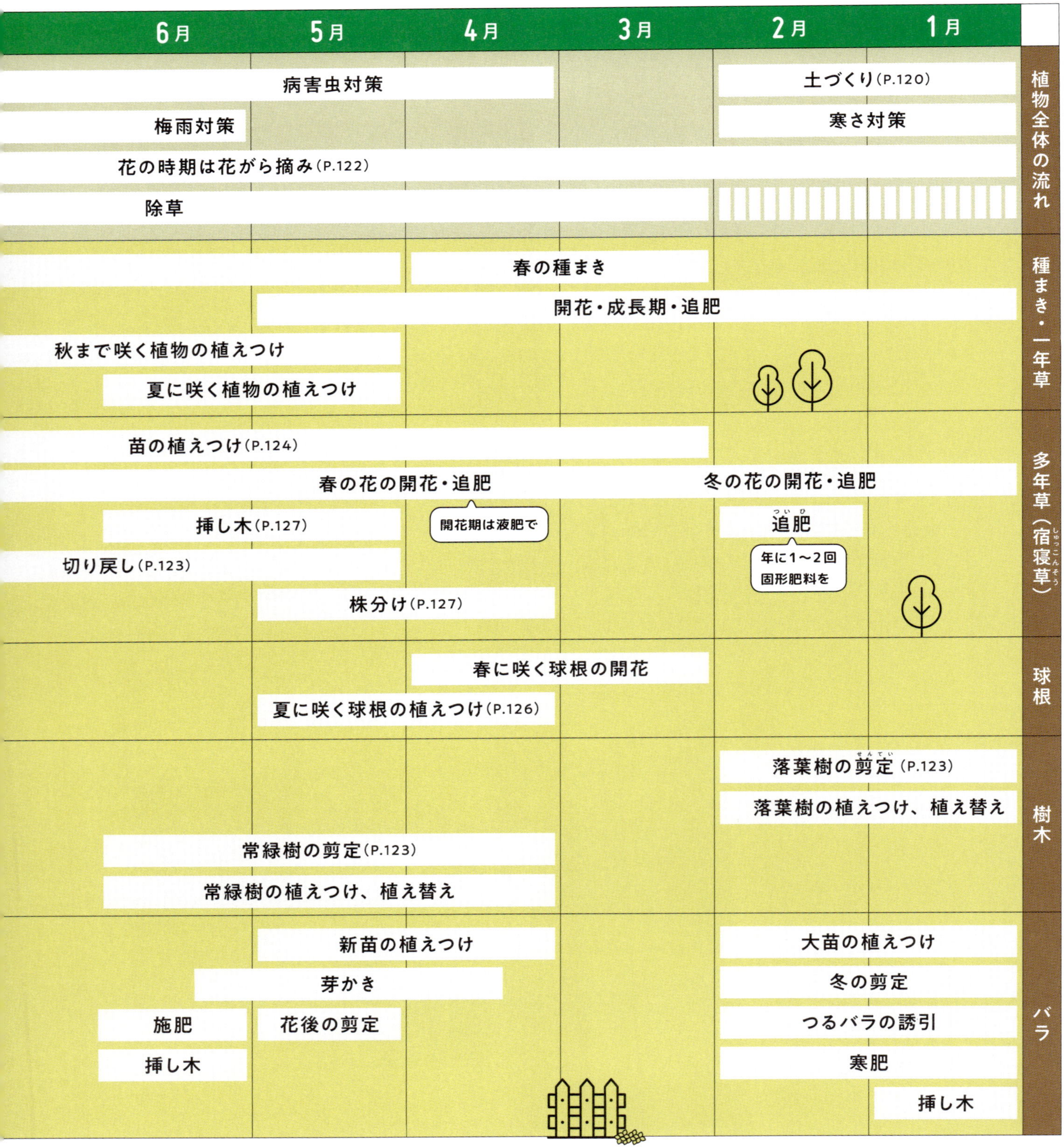

6月
5月
4月
3月
2月
1月
植物全体の流れ
病害虫対策
土づくり(P.120)
梅雨対策
寒さ対策
花の時期は花がら摘み(P.122)
除草
種まき・一年草
春の種まき
開花・成長期・追肥
秋まで咲く植物の植えつけ
夏に咲く植物の植えつけ
多年草(宿寝草《しゅっこんそう》)
苗の植えつけ(P.124)
春の花の開花・追肥
冬の花の開花・追肥
挿し木(P.127)
開花期は液肥で
追肥《ついひ》
年に1～2回
固形肥料を
切り戻し(P.123)
株分け(P.127)
球根
春に咲く球根の開花
夏に咲く球根の植えつけ(P.126)
樹木
落葉樹の剪定《せんてい》(P.123)
落葉樹の植えつけ、植え替え
常緑樹の剪定(P.123)
常緑樹の植えつけ、植え替え
バラ
新苗の植えつけ
大苗の植えつけ
芽かき
冬の剪定
施肥
花後の剪定
つるバラの誘引
挿し木
寒肥
挿し木

春先に花いっぱいの庭を目指すなら
秋～初冬の植えつけに力を入れましょう！

12月	11月	10月	9月	8月	7月
寒さ対策					
					開花・成長期・追肥
開花・成長期・追肥			秋の種まき		開花期は液肥で
	春まで咲く植物の植えつけ				
			秋に咲く植物の植えつけ		
	苗の植えつけ(P.124)				
	秋の花の開花・追肥			夏の花の開花・追肥	
			追肥		
		切り戻し(P.123)			
		株分け(P.127)			
		春に咲く球根の植えつけ(P.126)			
				夏に咲く球根の開花	
落葉樹の剪定					
落葉樹の植えつけ、植え替え					
大苗の植えつけ		花後の剪定		夏の剪定	
冬の剪定				夏の追肥	
つるバラの誘引					
寒肥					
挿し木					

STEP1

庭づくりに必要な道具をそろえる

庭仕事を楽しく、効率よく行うためにも道具選びは大切です。まずは最低限必要なアイテムをそろえ、使い心地を確かめましょう。道具は使用後に泥を落とし、手入れすることも忘れずに！

そろえておきたい 基本の道具

❶ジョウロ

水やりは日常的な作業なので、軽くてさびないプラスチック製が便利。株元に水を与える場合は水差し口が細いタイプ、広い面積に水を与える場合は、はす口になっているタイプが便利です。

❷スコップ

土がたっぷり入るスコップタイプの土入れ。先が丸く深いカップ型をしています。角型や目盛りつきなどいろいろあります。

❸土入れ

コンテナや鉢などに土を入れたり、寄せ植えの際などに株元に土を入れるときに使う筒型の土入れ。サイズがいくつかあり、細かな作業に向いています。

❹はさみ

植物専用のはさみ。草花のカットなど細かな作業をするのに役立ちます。よく切れる刃先が細いものがおすすめ。

❺枝切りばさみ

はさみではかたくて切りにくい樹木の剪定《せんてい》などに使うはさみ。切れ味のよさと手になじむサイズのものを選びましょう。

❻バケツ

土づくりや苗の植え替えの際に使います。ある程度の大きさがある広口のタイプが便利。軽いブリキやプラスチック製がおすすめです。

❼移植ゴテ

植え穴を掘ったり、土を掘り起こすときに使います。幅が狭く先がとがっているものはかたい土を掘り起こすのに便利です。

❽フォーク

かたくなった土を掘り返したり、雑草などを抜くときに使用します。スコップではすくえないときにフォークを使うと土がほぐしやすくなります。

❾園芸グローブ

汚れやケガから手を保護してくれるグローブ。滑り止めがついたタイプや、肘あたりまで長さのあるものも。バラなどトゲのある植物を扱う際は革のグローブがおすすめです。

❿ノコギリ

太い枝を切る剪定用のノコギリ。片手でも力が入れられるよう作られています。先が細く狭い枝の間にも入りやすい形状をしています。

作業効率がアップする
便利な道具

⑲ほうき、ちりとり

落ち葉や枝をはくのに使います。穂の部分が天然素材のものが、芝生などを傷つけず、ゴミをかき出しやすくておすすめです。

⑳中型ショベル

大きな穴を掘ったり、土を掘り起こす際に使います。大きすぎたり重すぎたりすると小さなスペースでは使いにくいので、自分の庭に合うサイズ選びが大切です。

㉑散水ホース

ホースの収納ができるリール式が便利。水流の調整や、霧状、ジェットなどパターンの切り替えができるものなどがあります。

⑱高枝ばさみ

高さのある樹木を剪定する際、はしごを使わずにカットできるはさみ。枝を切るのはもちろん、果樹の収穫にも便利です。

⑪ガーデンポシェット　⑫ガーデンエプロン
⑬ぼうし　⑭ガーデンブーツ

身につけるアイテム4種類。ポシェットは、はさみなどを入れて腰に巻きます。エプロンはひざ下まであるタイプが便利。長靴があれば、泥はねなどを気にせず作業できます。

⑮麻ひも　⑯シート　⑰支柱

麻ひもは支柱と茎を固定する際にあると便利なアイテム。シートは土や道具などを広げる際に敷くと便利です。支柱は背の高くなる植物の転倒防止や、つる性植物を絡ませるために使い、植えつけの際に立てます。

STEP2

土づくりをする

美しい花を咲かせるために、土台となる土づくりはもっとも重要です。さまざまなやり方がありますが、ここでは庭づくりビギナーでもとり組みやすい方法をご紹介します。

水はけがよく、栄養のある良質な土をつくりましょう

土づくりを行わずに庭に植物を植えても、思うように育ちません。植物にとってよい土とは、適度な水はけ、保水性、栄養があること。よい環境を整えるために、最初の土づくりは大切です。

初心者の方は、あらかじめ腐葉土や石灰などの栄養が含まれている市販の培養土を使用しても構いませんが、ある程度の広さのある庭の場合、自分でつくった方が経済的です。手順は簡単ですので、ぜひ自作の土で植物を育ててみましょう。

土をつくる

1 腐葉土と赤玉土を混ぜる

広口のバケツなどに腐葉土と赤玉土を入れ、手やスコップでしっかりと混ぜます。

2 腐葉土が固まっていればもみほぐす

固まった土があれば、両手をすり合わせるようにしてもみほぐし、細かくします。

3 木の枝が混ざっていたらとる

まれに木の枝などが混じっていることがあります。不純物はできるだけとり除いておきましょう。

土の完成

基本の土

赤玉土7割、腐葉土3割の配合で混ぜ合わせます。水はけのよい赤玉土に、栄養たっぷりの腐葉土を混ぜることで、ほとんどの植物に対応した土ができあがります。

鉢底石《はちぞこいし》

赤玉土《あかだまつち》

腐葉土《ふようど》

腐葉土は落ち葉が虫や微生物の力で分解され発酵したもので、土の中の微生物を活性化させてくれます。赤玉土は赤土からできた粒状の土。赤玉土には栄養がなく、水はけのよさが特徴です。鉢底石は水はけをよくするための軽石。

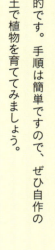

ケース別・土づくりのコツ

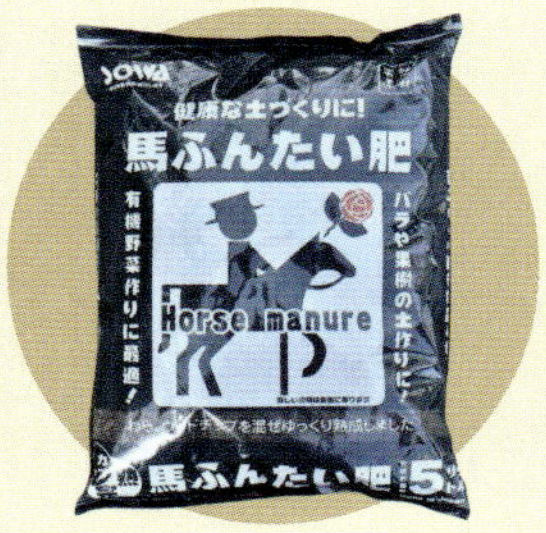

地植えには「たい肥」を混ぜる

草花や樹木を地植えする際、もともとの土にたい肥を混ぜます。たい肥とは落ち葉や牛糞、わらなどの有機物を発酵させたもの。土壌改良資材として使われます。たい肥を使うと、水はけや通気性のよいふかふかな良質の土になります。

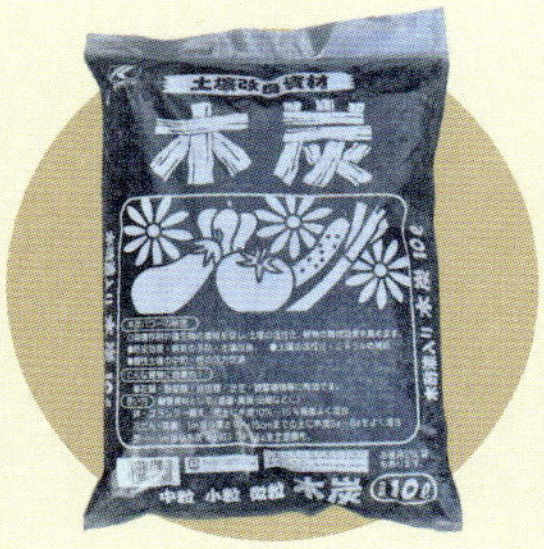

水はけの悪い場所は「木炭」を敷く

雨が降ると水たまりができる、水はけが悪く植物が育たないといった土の場合、木炭を活用しましょう。木炭の多孔質によって、水分、通気が調整され、空気の流れがよくなります。土を深く掘って、底の方に木炭を敷きます。木炭はホームセンターで売っている園芸用(細かなチップ状)を使います。

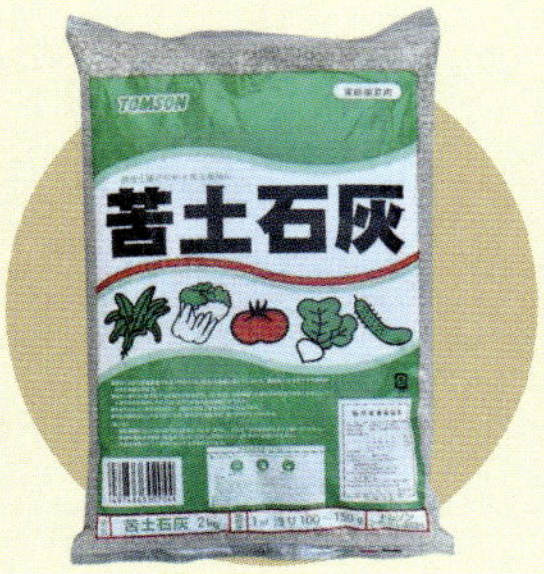

土が酸性に偏っているときは「石灰」をまく

肥料も水はけも日あたりもよい場所で、植物がうまく育たない場合、土の酸性度を調べてみるとよいでしょう。市販のキットで土のpHを調べ、酸性に偏っていたら石灰を混ぜます。石灰が酸性度を調整し、通常の土の状態である弱酸性にしてくれます。

古い土を再利用する場合は「日光消毒」を

植物を栽培し終わったあとの古い土を再利用する場合、まずはビニールシートなどに土を広げ、古い根や枯れ葉など、余分なものをとり除きます。その後、ふるいにかけ、細かいチリを除去します。太陽にあてて日光消毒を行い、2〜3週間後に上下を入れ替え再び日光消毒を行えば完成です。

鉢植え用の土づくり

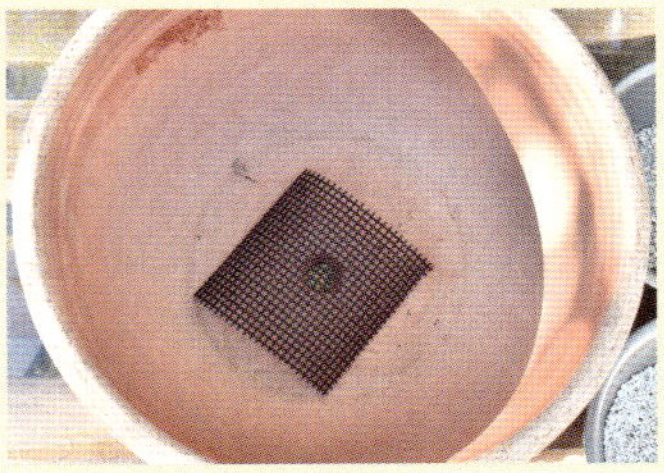

1 鉢底にあみを敷く

鉢底ネットを敷きます。ネットはカットされているもの、ロール状で自由にカットできるタイプがあります。

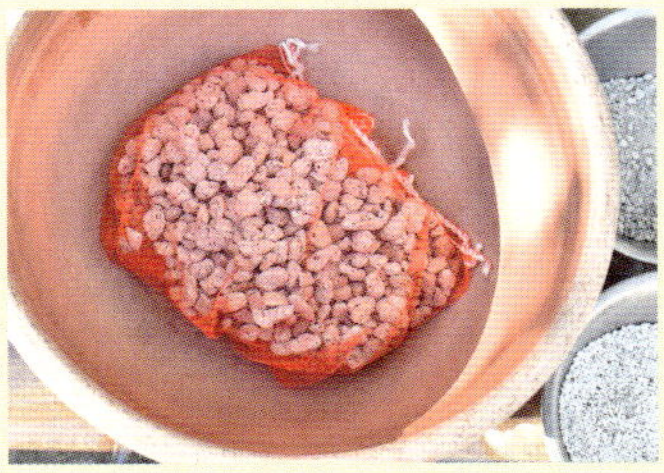

2 鉢底石をのせる

鉢底に鉢底石を並べます。ネットに入れておくと、植え替えの際に土と軽石が混ざらずとり出すことができます。

3 土を入れる

鉢の7割を目安に土を入れます。苗を置いて土を足し、鉢の縁から1〜3cm空きをつくります。そうすることで、水やりの際に土がこぼれるのを防げます。

花壇用の土づくり

花壇の場合も鉢植えと同様、軽石→土の順に。狭い花壇の場合、あらかじめつくっておいた土をバケツで入れます。

STEP3

日々のお手入れを行う

植物を植えたあと、庭を荒らさず、面倒なメンテナンスをできるだけ減らすには、
1日1分でも庭を観察し、草花に触れることが大切です。

水やり

簡単なようで意外に難しい水やり。与えすぎると根腐れの原因になり、与える量とタイミングが重要なポイントになります。基本的には土の表面が白っぽく乾いてからたっぷりと与えること。鉢の底から水が流れ出てくるまで行うのが目安です。

コツ

株元にたっぷりと

葉や花をよけながら、植物の株元にたっぷりと水を与えます。

NG

葉や花の上から水をかけてはダメ

植物の中には花や葉に水がかかるとしぼんだり、枯れてしまうものがあります。

POINT

暑い夏におすすめ！ 自《じ》動《どう》灌《かん》水《すい》装《そう》置《ち》を活用しよう

もともと乾燥した農業用地の節水のために開発された自動灌水装置。手間をかけずに効率的に水やりができるので、外に出るだけでもつらい夏の水やりには、特におすすめです。ホースやタイマーなど市販のセットを設置すれば完了。
設置規模にもよりますが、5～10万円が予算の目安です。

花がら摘み

咲き終わった花のことを「花がら」といいます。花がらを摘みとることを「花がら摘み」といいます。咲き終わった花をそのままにしておくと、種に養分をとられてしまい、花つきが悪くなります。その結果、株の寿命が短くなる原因に。

コツ

花がついている茎をカットする

花だけではなく、茎からカットします。しぼんだ花を放置すると、病気やカビの原因になるのでこまめに。

次の花芽は切り口から伸びてくる

切り口から新しい枝葉が出てきます。結果的に花の数が増え、ボリューム感が出ます。

切り戻し

茎や葉が伸び放題になってきたら、短くカットします。それを「切り戻し」といいます。カットすることで風通しがよくなり、下のわき芽が生長すれば新たに花を咲かせます。思い切って切ることで、弱っていた植物も元気になります。

どんどん生長して花壇からはみ出している状態。株元近くの古い葉が枯れているときは、株元に近い茎までカットします。

短く切り戻してフォルムがよくなりました。すき間ができたことで、風通しもよくなり、蒸れを防ぐことができます。

元気な葉を2〜3枚残してカットする

株元から2〜3枚の葉を残して、それより上の部分は切り戻します。

上に飛び出している葉もカットする

ピョンと飛び出してフォルムを崩している葉があれば、切り戻します。

剪定《せんてい》

剪定とは古くなった樹木の枝や不要な葉を切りとって形を整えること。枝や葉が生長しすぎたり、茂りすぎると栄養が根にいかず、弱ってしまいます。剪定することで根と枝葉のバランスが整い、美しい形を保つことができます。

すっきりして風通しも良好に

茂りすぎた枝や葉がなくなり、すっきりとした形になりました。

垂れている枝をカット

下に垂れている枝や平行になっている枝をカットします。3本あればまん中を剪定します。

追肥《ついひ》

植えつけ時に施すのが元肥《もとひ》、その後施すのが追肥です。鉢や花壇の場合、花を咲かせるために定期的に肥料を与えますが、地植えの場合は1年に1〜2回程度でじゅうぶん。地植えには固形肥料、花の咲く植物には液体肥料がおすすめです。

液体肥料

全体に水を与えてから液体肥料をかけます。表示されている量より薄めて与えます。速効性のある効きめが特徴です。

固形肥料

固形肥料は粒状のタイプ。株元に固形肥料を数粒置きます。効きめがゆるやかなのが特徴です。

手づくり薬剤で病害虫を退治！

植物を育てているとある程度虫がついたり病気になるのは仕方がないこと。市販の薬剤でも構いませんが、自然素材の薬剤なら体にかかっても安心です。薬剤散布は、春にアブラムシを発見したら与える程度でいいでしょう。したたるように植物全体に与えます。

ニンニクトウガラシ液のつくり方

材料　ニンニク1玉半　トウガラシ15g
　　　レモン汁（半個分）　水2ℓ

❶ 材料をすべて鍋に入れ、90分煮て冷ましたあと、レモン汁を入れる。（作り置きしない場合は入れなくてもよい）

❷ ①の液を使用するときは、100mℓを2ℓの水で薄めて散布する。

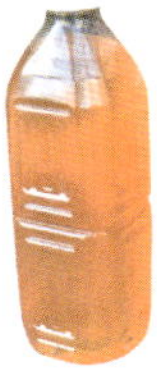

噴霧器《ふんむき》

ある程度広範囲に散布する場合、噴霧器があると便利です。手動と電動のタイプがあります。

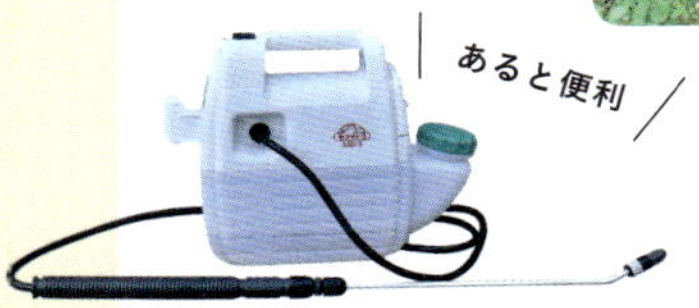

植え方とお手入れ

ポット苗

一年草や多年草の多くは、このポット苗で売られています。花壇の場合はあらかじめ赤玉土《あかだまつち》と腐葉土《ふようど》を混ぜて水はけのよい土を用意しておきます。既存の土がある場合、新しい土を加えて混ぜ込みましょう。

植え方

[キンギョソウの場合]

1 穴を掘る

移植ゴテで苗がすっぽり入るくらいの穴を掘ります。

2 肥料を入れる

肥料（元肥《もとひ》）を入れます。ここでは固形の有機肥料を使っています。

3 根ぐされ防止剤を入れる

水を腐りにくくする根腐れ防止剤を入れます。ここでは珪酸塩白土《けいさんえんはくど》を使用しています。

4 根をほぐして穴に入れる

苗をポットから外します。根がかたまっているときは少しくずしてから穴に入れます。

5 水をかける

掘った土で穴をふさぎ、株元を軽く押さえます。その後、たっぷりと水を与えます。

植え方のコツ

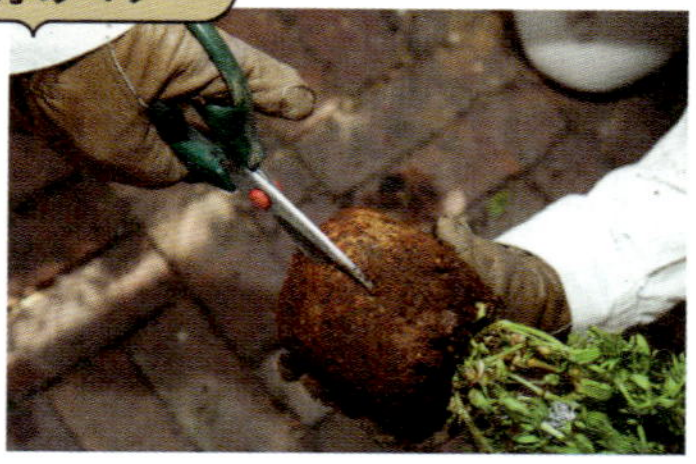

根が伸びすぎた苗は根元にはさみを入れる

ポットの中で根がいっぱいになって「根づまり」を起こしている苗の場合、根元にはさみを入れてほぐします。全体に土が見えるようになればOKです。

初心者の方は
種を植えるより
苗からはじめる
のがおすすめ！

植え方とお手入れ

球根

生長したときに美しく見える植え方を紹介します。植物によって植え方は多少違いがあるので、
購入した球根の袋に書いてある植え方も参考にしてください。

植え方

［ スイセンの場合 ］

1 穴を掘る

あらかじめやわらかく耕した土に、10～15cmくらいの深さの穴を掘ります。

2 肥料を入れる

穴の底に肥料（元肥）をひとつかみ入れます。

3 球根を穴に入れる

球根は膨らんでいる方を下にして置きます。いくつか植えるときは、10～20cm程度の間隔をあけて。

4 腐葉土と赤玉土を混ぜてかける

腐葉土と赤玉土と庭の土を混ぜ、球根が隠れるように上にかけます。

5 水をかける

植えつけ後の土にたっぷりと水を与えます。はす口のジョウロでやわらかくかけるのがコツ。

球根＋苗の２層植えも楽しい

球根や苗を2層にして植えるダブルデッカーという方法です。球根の芽が出るまでの間も花を楽しむことができます。球根3個分の深さに土を掘り、球根を並べたら（写真右）少し土を戻して、その上に苗を植えましょう（写真左）。球根はスイセンやチューリップ、苗はビオラを使用。

植え方とお手入れ

樹木

樹木を植えるというと難しいイメージがありますが、植え方の基本はポット苗と同じです。植えつけ後は支柱を立てて倒れるのを防ぎます。

選び方

枝が太く、長く、まっすぐなものを選びます。ここではドドナエアの苗木を使って植え方を紹介します。

植え方

[ドドナエアの場合]

1 苗木より大きく穴を掘る

鉢の大きさよりもひとまわり深く、大きな穴を掘ります。

2 つくった土を穴に入れる

腐葉土、赤玉土、庭の土を混ぜたものを穴の底に入れます。

3 ポットから苗木を出す

ポットから苗木を出し、虫や枯れ葉がついていればとり除きます。

4 穴に入れて土をかける

穴に苗木を入れて樹木の向きを整えます。そのあと土をかけます。

5 水をたっぷりかける

植えた苗木のまわりに土手をつくるように、ゆっくりと水をかけます。

6 水が引いたらさらに土をかける

一度水をやると土がしずむので、さらに土をかぶせてなじませるように軽く押さえます。

7 支柱を立てる

地面に支柱を立て、枝と支柱を麻ひもでゆるく結びます。

お手入れのコツ

伸びたら剪定《せんてい》して風通しをよくする

しばらくは特にお手入れの必要はありませんが、木が大きく育ってきたら、枝や葉を剪定します。形を整えることで生長を促し、病害虫予防にもなります。

素朴なギモンを解決 お手入れ Q&A

Q 植物がどんどん大きくなってきたらどうすればいいの？

A 「株分け」をして場所を移動しましょう

冬になっても根は枯れず、何度も花を咲かせる宿根草《しゅっこんそう》の苗は、植えっぱなしにしておくとどんどん株が大きくなります。そんな株は一度掘り起こして根や茎を切り離し、新しい株をつくるとよいでしょう。株分けをすると植物が活性化し、花つきもよくなります。

株分けの時期は植物によって違いますが、植え替え時期とほぼ同じ4～5月と10～11月上旬頃がよいでしょう。

❶大きくスコップを入れて掘り出す

根を傷つけないように土から株を掘り出します。

❷根に縦にはさみを入れる

はさみで株を2つに切り分けます。古い根や土は落としておきます。

❸株を分ける

株分けができたら、新しい場所に植えつけます。

Q 「挿《さ》し木」で増やせる植物を教えて

A ハーブや観葉植物、多肉植物が向いています

増やしたい植物の枝、茎、葉などを切りとり、土に挿して新たに増やしていくことを「挿し木」といいます。ほかにも挿し穂、挿し芽ともいいます。

新しい土に挿してから、白い根が発根できれば成功。発根までの目安は2～3週間です。挿し木に向いている植物は、茎がやわらかく根が出やすいローズマリーなどのハーブ類、アイビーなどの観葉植物のほかに、多肉植物も挿し木で増やすことができます。

❶ポットに土を入れる

ポットに基本の土を入れ、たっぷり水をかけて湿らせておきます。

❷増やしたい植物をカットする

生長している新しい茎を選び、カットしましょう。

❸花や葉にはさみを入れる

花がついていればはさみでカットし、葉も半分くらいカットします。

❹1時間ほど水につける

瓶などに水を入れ、そこにカットした挿し木をつけておきます。

❺根っこに発根促進剤をつける

挿し木の根っこに発根を促す促進剤をつけます。

❻ポットに挿し木を挿す

雨風のあたらない場所で、土が常に湿った状態を保ちます。

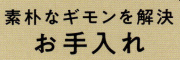

＜監修＞

戸倉多未子　（とくら・たみこ）

有限会社 グレイス オブ ガーデン 代表。ガーデナー。暮らしを豊かにする緑の庭づくりをモットーに、小さな庭からエクステリア、ガーデンリフォームまでオリジナルガーデンを手がける。化学肥料に頼らない、自然の恵みを生かした庭づくりを得意としている。ガーデニング講師歴30年、ガーデニング関連の雑誌などでも活躍中。

有限会社 グレイス オブ ガーデン
〒333-0817 埼玉県川口市戸塚南5-23-6
Tel. 048-299-0045
http://www.grace-of-garden.com/

[協力]
有限会社 グレイス オブ ガーデン スタッフ
（土井三保子、中村うつき、千葉里佳子、桑原智子、竹末美和子）

[STAFF]
イラスト　あらいのりこ、野口晃子（P.34）
デザイン　髙橋朱里、菅谷真理子（マルサンカク）
撮影　村尾香織、中村彩子、土井三保子
写真提供　有限会社 グレイス オブ ガーデン、ピクスタ
執筆協力　伊藤睦、水本晶子
編集協力　株式会社スリーシーズン（土屋まり子）、柴田佳菜子
校正　有限会社くすのき舎

草花で素敵に彩る
小さな庭のつくり方

監修者　戸倉多未子
発行者　永岡純一
発行所　株式会社永岡書店
〒176-8518　東京都練馬区豊玉上1-7-14
代表☎ 03(3992) 5155　編集☎ 03(3992) 7191
ＤＴＰ　有限会社 ゼスト
印　刷　ダイオープリンティング
製　本　ヤマナカ製本

ISBN978-4-522-43574-8　C2076　⑤